실행하기 쉬운
6시그마 기법

실행하기 쉬운
6시그마 기법

포스코특수강 6시그마연구회 지음

리드리드출판

□ 머리말

　지금으로부터 5년 전, POSCO가 삼미특수강의 봉강사업 부문을 인수하면서 창원특수강(주)가 설립되었습니다. 그때 우리는 새로운 작업복으로 갈아입으면서 두 번 다시 실패는 없다는 각오로 새롭게 출발했습니다.

　그 이후 '수익성 개선 활동', '열린 경영', '지식 근로자' 등 변화를 향한 몸짓에 임직원이 합심 단결로 참여하여 모든 면에서 발전적인 변화를 이루어 냈고, 관리 수준이 한층 높아지게 되었습니다. 경영 지표 또한 우리의 땀이 밑거름 되어 창사 3년 만에 흑자로 돌아섰고, 지금까지 이어 오고 있습니다.

　그러나 급변하는 외부 환경과 더욱 치열해지는 시장 경쟁 속에서 창원특수강을 최우량 선진 회사의 반석 위로 끌어올리는 일은 지금까지 보여 준 노력과 의지만으로는 부족하다는 것을 알게 되면서 보다 과학적이고 한층 높은 관리 기술이 요구되었는데, 이때 「6시그마 활동」을 선택하게 되었습니다.

「6시그마 활동」은 우리가 지금까지 경험이나 감으로 처리했던 문제 해결 방법을 계량화시켰고, 측정·분석·개선·관리 단계를 통해 과학적인 문제 해결 방안을 제시해 주었습니다. 그리고 이는 오랜 기간 시행착오를 통해 터득한 선배들의 지혜(Know-how)에 버금가는 사고와 행동을 갓 들어온 신입 사원이 발휘할 수 있도록 하는 힘이 된다는 사실도 알게 되었습니다. 「6시그마 활동」이 회사의 모든 업무에 적용되어 기업 문화로 정착한다면 분명 선진 회사의 경쟁력을 확보하는 지름길이 되리라 모두들 확신하였습니다.

그러나 1999년 철강 업계 최초로 본격적인 도입을 추진하면서 어려움도 많았습니다. 그중 가장 큰 어려움은 「6시그마 활동」의 기초 토대가 교육을 통한 인력 양성임에도 불구하고 쉬우면서도 우리 실정에 맞고 현장 업무에 바로 적용할 수 있는 길잡이가 될 만한 책이 없다는 점이었습니다.

대부분 시중의 6시그마 관련 책자들이나 교재들은 딱딱한 이론이나 통계 기법 위주로 구성되어 6시그마를 처음 접하는 대다수의 직원들에게 6시그마는 어렵다는 인식을 심어 주고 있는 형편이었습니다.

따라서 창원특수강에서는 6시그마 출범 초기부터 6시그마 교재들을 자체적으로 개발하기로 결심하였고, 그러한 고심의 산물 중 하나가 바로 '실행하기 쉬운 6시그마 기법'입니다.

이 책은 '우리는 6시그마를 업무에 접목하는 사람이지, 통계 기법이나 원리를 연구하는 학자가 아니다.' 라는 기본 인식하에서 출발합니다. 즉, 이론적 배경은 현실 문제를 풀 수 있는 도구로서 잘 활용할 수만 있으면 된다는 점에 기초하여 6시그마가 어떤 활동이며 어떻게 실무에 적용할 수 있는지에 주력하였습니다.

특히 창원특수강의 다른 6시그마 교재를 통해 이미 친숙해진 '창대리'의 생활 속 이야기를 통해 6시그마 개선 활동의 전체적인 흐름과 단계별 과정을 쉽게 이해할 수 있도록 만화와 대화식으로 구성하였습니다.

원래 이 책은 창원특수강의 일반 직원인 White Belt를 대상으로 6시그마 교육용으로 개발되었던 것입니다. 그러던 중에 한국능률협회 김영준 경남지부장을 만났고, 6시그마를 도입, 준비하고 있거나 이미 도입한 기업체의 직원들에게도 전달된다면 6시그마 활동에 대한 이해의 폭을 넓히고 친근감을 가지고 참여할 수 있는 계기가 될 수 있겠다는 제안에 따라 시중 출판을 하게 되었습니다.

작은 책이지만 이를 읽는 독자들로 인해 6시그마 활동을 꽃피울 수 있는 촉매가 될 수 있기를 소망하며, 마지막으로 이 책의 집필에 참여한 창원특수강의 '6시그마 연구회' 회원과, 만화와 삽화로 책의 맛을 한껏 살려 준 최진숙 사우에게 감사드립니다.

2002년을 열며
창원특수강(주) 전무이사 황 준 호

□ 차 례

PART 2   6시그마와 함께하는 창대리 가족의 행복 찾기

PART 1

6시그마 활동을 왜 해야 할까?

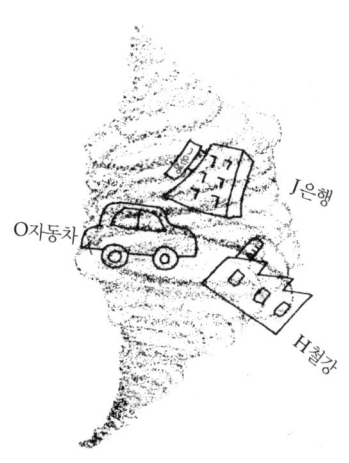

● 스스로 변화하지 않으면 생존할 수 없다. 현상 유지는 정체가 아니라 퇴보이다

열심히 한다는 것은 어떤 분야에서건 가장 중요한 기본이 된다. 그러나 무조건 열심히만 하면 될까? 과거에는 열심히만 하면 그 과정에서 몇 번의 시행착오가 생기거나 결과가 조금 나쁘게 나오더라도 문제삼지 않는 시대가 있었다. 그러나 지금과 같은 치열한 생존경쟁 시대에는 시행착오를 할 수 있는 시간이 허락되어 있지 않고, 결과가 나쁘다면 열심히 했다는 과정은 아무런 인정도 받을 수 없다.

〈과 거〉
수요〉공급
보호의 울타리
안정 성장 보장

〈현 재〉
수요〈공급
글로벌 경쟁 환경
경쟁력 없는 기업의 도태

　　창원특수강은 변해야 산다는 의지로 창사 이래 열심히 노력해 왔다. 그 결과 흑자 전환을 이루어 냈고, 여러 방면에서 발전이 있었다. 그러나 불확실한 시장 환경, 동종 업체간의 치열한 경쟁 시대에 단지 열심히 잘해 보자는 것만으로 험한 파고를 넘을 수 있을까?

● '열심히' 하는 것 이상으로 '효율적으로' 하는 것이 중요하다
　• 시행착오 없이 처음부터 올바르게 작업한다.
　• 정해진 시간 내에 많은 효과를 창출한다.

● 고객 만족과 수익성 향상을 위한 구체적인 전략과 과학적인 문제 해결 방법이 필요하다
　　과거의 품질 운동처럼 더 잘할 수 있도록 동기를 부여하고 개선을 유도하는 것에서 그치는 것이 아니라 구체적인 전략과

과학적인 문제 해결 방법이 필요하다. 이것이 곧 '6시그마 활동'이다.

3. 고객 만족의 중요성

고객사
(외부 고객)

후공정 직원/업무상의 상사 및 동료
(내부 고객)

넓은 의미로 고객을 바라보자. 우리가 원하는 것과 고객이 원하는 것은 다를 수 있다. 고객의 관점에서 사고하고 문제의 원인을 찾는 것이 중요하다.

요리사

손님

고객 만족이 기업의 성패를 좌우한다. 공급 경쟁 상태에서의 고객은 Q(품질), C(원가), D(납기)가 확보된 제품만 선택한다. 내부의 원가 경쟁력도 Q, C, D가 좌우한다.

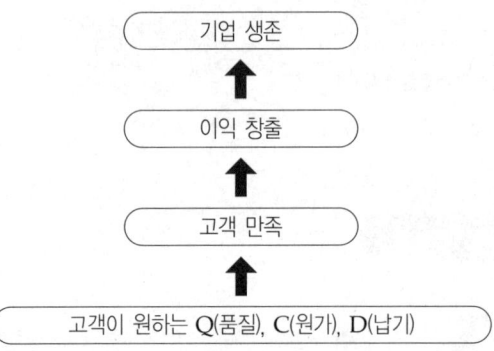

4. 품질 개선은 고객 만족의 핵심 수단

품질은 단순히 제품의 질에만 있는 것이 아니라 고객에 영향을 미치는 모든 요소에 있다.

슈퍼마켓의 품질은 종업원의 친절, 매장의 청결, 합리적인 물건 진열, 배달 서비스 등에 의해 결정된다.

제조뿐만 아니라 사무 간접 부문을 포함한 경영 활동 과정 하나하나가 품질로 평가될 수 있다.

  품질의 좋고 나쁨을 판단하기 위해서는 객관적인 기준으로
정량화하여 측정하고 평가해야 한다. 예를 들면 고객 만족도,
처리 시간, 에러 발생률 등이 포함된다.

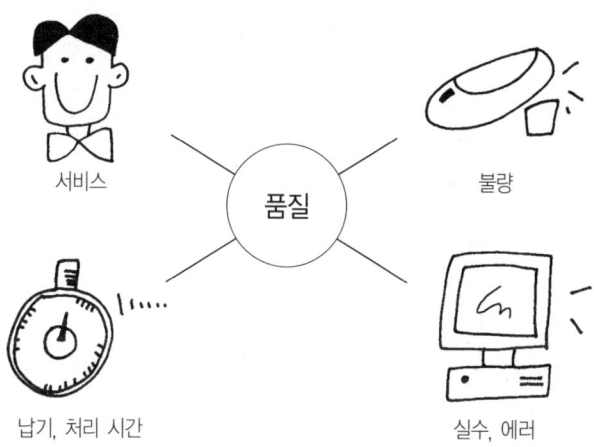

조언

6시그마 활동은 이처럼 품질 개선의 구체적인 방법론을 제시하고 있지만, 품
질 개선 자체는 고객을 만족시킴으로써 수익을 증대시키기 위한 수단이다.

● 품질에 대한 인식의 전환

　• 과거: 일정 수준 이상의 품질을 위해서는 투자 비용이 많
　　　　이 소요되지만, 비용을 최소화할 수 있는 적정 수준
　　　　의 품질이 존재한다고 생각했다.

　• 6시그마 관점: 고품질일수록 투자 비용보다 실패 비용의
　　　　하락이 크므로, 완벽한 품질이 가장 비용
　　　　이 적다.

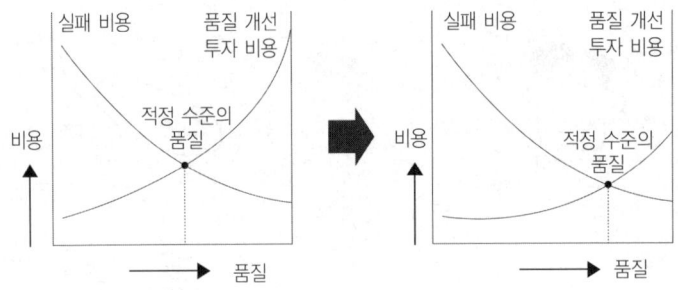

● 품질 개선의 파급 효과

　품질 개선은 비용 절감과 직접적인 관계가 있다. 그러므로
품질 개선과 비용 절감은 함께 추진할 수 있다.

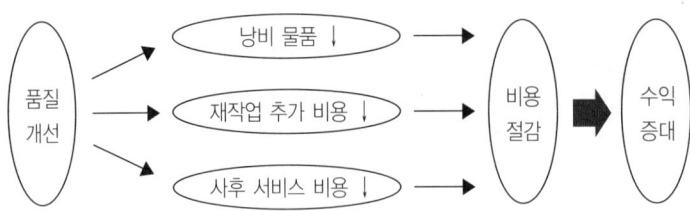

6. 품질 실패 비용은 경영의 모든 부분에 존재

경영 활동 각 부문에서 발생하는 낭비 요소를 정량적으로 파악하고 비용화해야만 개선 대상을 명확히 할 수 있다. 이 같은 경영의 낭비 비용을 '품질 실패 비용(COPQ)'이라 한다.

'실패'는 잘못된 것으로만 인식하기보다는 선진 회사로 가기 위해 지속적으로 개선해야 할 대상으로 보아야 한다. 따라서 품질 실패 비용(COPQ)은 어떤 업무에도 반드시 있으며, 그 규모보다는 얼마나 줄어들고 있는가 하는 측면에서의 개선 추이가 중요하다.

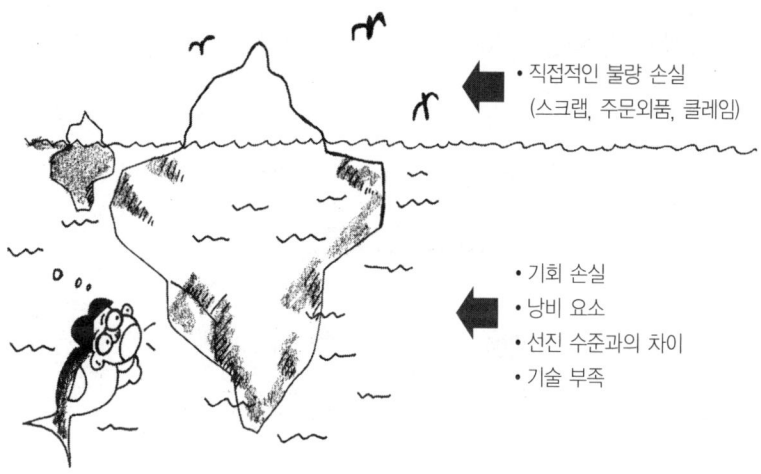

• 직접적인 불량 손실
(스크랩, 주문외품, 클레임)

• 기회 손실
• 낭비 요소
• 선진 수준과의 차이
• 기술 부족

조언

일반적으로 COPQ는 매출액의 약 30%를 차지한다.

▶ COPQ(Cost of Poor Quality: 품질 실패 비용)

● '품질 비용'과 '품질 실패 비용'의 차이

구 분		종 류	비 고
품질 비용	예방 비용	교육 훈련비, 인증비 등	점유비 적음
	평가 비용	시험비, 검사비 등	어느 정도 지출은 불가피
	실패 비용 (COPQ)	손실(미달) 비용, 낭비 비용	실질적 관리 대상

● 창원특수강 COPQ 산출 항목

① 발생분 전체(zero base)
• 안전사고
• 불량
• 재작업

② 예산 대비 미달
• 개발 지연
• 준비 시간, 수리 시간

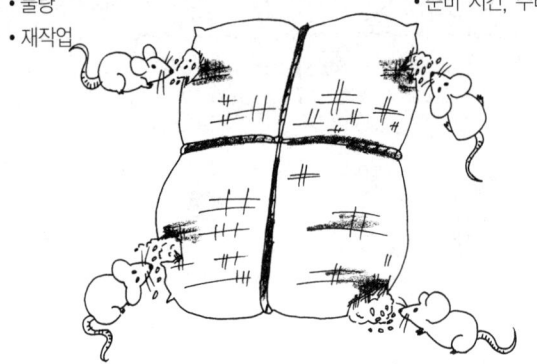

③ 선진 수준 대비 미달
• 차입금리
• 합금철 과다 투입

④ 최상 능력(장기 목표) 대비 미달
• 실수율, 능률
• 재료 구입 단가, 자재 수명
• 매출액, 재고
• 에너지

● 1%의 불량(실수)은 과연 용납될 수 있는 것인가?

　99%의 양품이 생산된 경우 나머지 1%의 불량(실수)은 괜찮다고 생각할지 모른다. 그러나 1% 불량(실수)만으로도 치명적일 수 있다.

　1%의 불량(실수)이란 매주 5천 건의 수술 실수와 매일 4건의 항공기 사고와도 비교될 수 있는 경우이다.

● 품질에 불만족한 고객의 위력

완벽한 품질은 실제로 불가능하다. 하지만 품질의 중요성을 깨닫고, 6시그마 수준의 품질을 최종 목표로 하는 단계적이고 체계적인 개선 활동이 필요하다.

● 6시그마의 통계적 의미

6	σ(시그마)
(σ 수준)	표준 편차란 일하는 과정에서 나타나는 산포의 정도를 의미한다.

쇠고기 500g의 무게를 측정하는 저울이 있다고 하자. 저울의 기준치(오차 한계)가 495~505g이라고 할 때, A저울은 498~502g 사이를 가리키고 B저울은 492~508g 사이를 가리킨다면 변동폭이 좁은 A저울의 성능을 믿게 되고 B저울은 받아들일 수 없게 된다.

모든 업무의 과정에서도 마찬가지이다. 정해진 기준(규격) 내에서 실제값들이 어느 정도의 변동폭(산포)을 가지는가에 따라 기준(규격)을 벗어날 확률이 정해지는데, 이것을 측정하는 지표가 '시그마(σ)'이다.

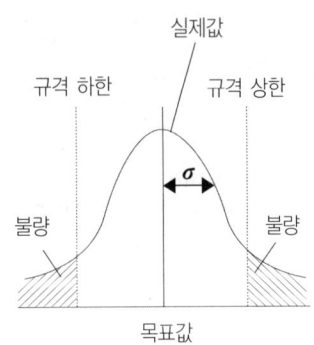

── 조언

시그마(σ)는 일하는 과정의 성과가 좋고 나쁨을 평가하는 측정 지표이다.

▶ σ 수준의 의미

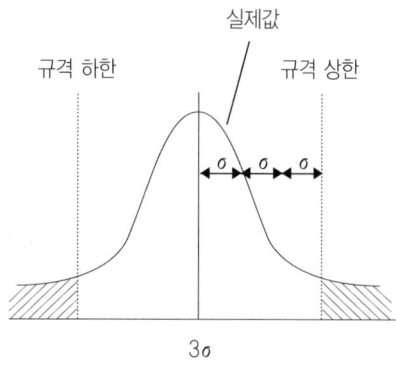

σ 앞의 숫자는 σ의 수준을 말한다. 3σ라면 실제값의 변동폭(산포)인 σ가 규격 범위 내에 3개 들어가는 수준으로, 이 경우 규격을 벗어날 확률(빗금친 면적)은 약 6.7%가 된다.

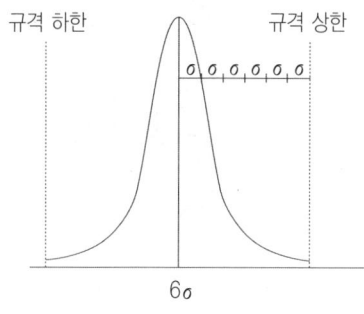

품질의 산포를 줄임으로써 σ의 폭을 좁혀 6σ에 이르면 규격을 벗어날 확률이 100만 개당 3~4개의 결함만을 허용하는 거의 완벽한 수준이 된다.

위와 같은 σ 수준은 품질을 표현하는 공통의 언어로 사용되며, 사무 간접 부문에도 적용이 가능하다. 만일 어떤 업무가 2σ 수준이라면 30%의 시간은 제대로 일을 하고 있지 않다는 의미가 된다.

8. 6시그마 활동은 실수를 줄여 이기는 방법

● 배구 경기에서 이기는 두 가지 방법

① 몇몇 장신 공격수를 이용한 플
  레이를 펼친다.

② 모든 선수들의 범실을
  줄인다.

● 기업 경쟁에서 이기는 두 가지 방법

① 유능한 직원 소수의 능력에
  의존한다.

② 전 직원이 결함 및 실수
  방지에 집중한다.

　①번과 같은 화려한 방법도 있다. 그러나 ②번과 같이 실수
를 줄이는 방법은 누구라도 할 수 있으며, 모든 사람이 동참한
다면 ①번 이상의 위력을 발휘할 수 있다.

'배가 아프다'는 말만 듣고 의사는 올바른 처방을 할 수 있을까? '배가 아프다'는 겉으로 드러난 증상(Y)에 불과하므로, 진찰을 통해 배를 아프게 하는 근본 원인(X)을 찾아야만 비로소 제대로 된 처방을 할 수 있다. 개선과 관리의 대상은 Y가 아닌 X이다.

증상(Y)	원인(X)
	• 맹장염? • 식중독? • 소화 불량? • 사촌이 땅을 샀다?

현장의 문제 또한 아래와 같이 구성되어 있다.

> Y 현상(증상)/결과
> 터짐 →불량
>
> =
>
> F(X) 원인/문제
> • 성분 이상
> • 가열 온도 조정 이상
> • 압연 롤 표면 이상
> • 냉각수 과다

조 언

6시그마 활동은 과학적인 방법으로 핵심인 X인자를 찾아내어 이를 개선, 관리하는 활동이다.

6시그마 활동에서 사용하는 각각의 기법들은 과거에도 있었다. 6시그마 활동은 기법 하나하나만 놓고 보면 새로운 것이 아니다. 그런데도 6시그마 활동이 문제 해결에 탁월한 힘을 발휘할 수 있는 이유는 이러한 기법들을 체계적으로 재구성한 데에 있다. 즉, 6시그마는 '구슬'을 꿰어 '보배'로 만드는 기술이다.

구슬(기법) 하나하나의 제작 원리를 완벽하게 이해하지는 못하더라도 이미 만들어진 구슬을 잘 꿰기만 하면 된다. 즉, 어떤 기법을 어떤 용도에 잘 활용할 것인가에 중점을 두어야 한다.

6시그마는 이렇게 흩어진 기법들을 문제 해결 절차에 따라 체계적으로 활용하는 방법을 제공하고 있다.

6시그마 문제 해결 절차는 M(Measure), A(Analyze), I(Improve), C(Control)의 4단계로 이루어져 있으며, 이를 세분화하면 12과정으로 나누어진다.

▶ MAIC 12과정

12 • 관리 시스템 실행
11 • 개선 효과 파악
10 • 측정 시스템 확인
9 • 개선안 실행
8 • 개선안 도출
7 • 핵심 인자 선정
6 • 잠재 인자 파악
5 • 개선 목표 설정
4 • 공정 능력 파악
3 • 측정 시스템 확인
2 • 성과 기준 정의
1 • CTQ 선정

관리(C)
개선(I)
분석(A)
측정(M)

MAIC 12과정은 무턱대고 생각해 보라고 요구하는 것이 아니라, 문제 해결에 도달할 때까지 단계적으로 어떤 생각을 하고 무엇을 할 것인가를 가르쳐 주는 체계화된 문제 해결 절차이다.

목표를 설정할 때 구체적인 수치로 표시하지 않는 것은 마치 공상과도 같다. 공상은 달성될 수 없지만, 구체적인 목표는 달성할 수 있다.

〈공상〉　　　　　〈구체적인 수치의 목표〉

현재의 상태와 달성하려는 목표를 구체적인 수치로 표시하는 것이 개선의 시작이다. 수치가 아닌 것은 주관적이어서 혼란스럽고, 무엇을 하려는지 모르고 있는 것과 같다.

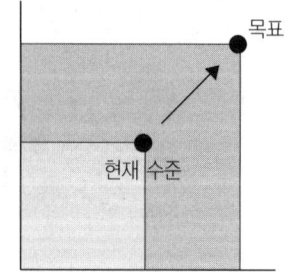

6시그마 활동은 데이터를 근거로 과학적이고 통계적인 분석 방법을 이용한다. 그러므로 데이터가 없는 것은 총알 없는 총과 같은 것이라서 개선은 생각도 할 수 없다.

또한 데이터가 있더라도 잘못되거나 투명하지 못한 데이터라면 아무리 좋은 분석 도구나 통계 소프트웨어(미니탭)를 사용하더라도 잘못된 결론이 나올 수밖에 없다.

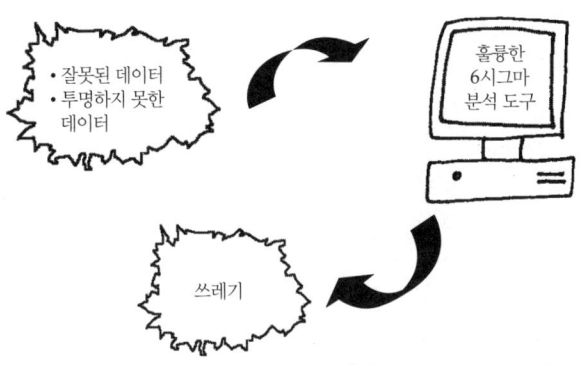

6시그마 활동은 데이터를 근거로 과학적이고 통계적인 분석 방법을 이용한다. 6시그마 과제 팀원의 역할 중 가장 중요한 업무는 투명한 데이터를 수집하는 일이다.

12. 표준화는 모든 개선 활동의 기본

일반적인 문제는 표준이 없거나 표준을 제대로 지키지 않음으로 인해 발생한다. 6시그마 활동은 표준으로 해결될 수 없는 고질적인 문제를 대상으로 한다. 그러므로 6시그마 활동을 추진하기 전에 먼저 표준부터 정비하고 준수하는 것이 기본이다. 기본이 되어 있지 않은 상태에서의 6시그마 활동은 '사상

모래

표준이 제대로 정비되어
있지 않고 준수하지 않음

누각'이기 때문이다.

또한 6시그마 활동으로 어떤 문제를 해결했다 하더라도 그것이 표준화되어야만 비로소 완료되었다고 볼 수 있다.

표준 정비 ▷ 표준 준수 ▷ 고질 불량 잔존 ▷ 6시그마 활동으로 해결 ▷ 표준화

13. 새로운 성과 수준을 지속적으로 유지

다이어트에 실패하는 대부분의 경우는 요요현상을 극복하지 못하기 때문이다.

다이어트 초기 　　　6개월 후 　　　다시 3개월 후

체중 감량에도 신경 써야 하지만, 감량된 체중을 지속적으로 유지하는 일이 더욱 중요하다.

> ⟨표준화, 관리 계획, 실수 방지⟩
>
> • 매일 20분씩 줄넘기하기
> • 매일 30분씩 조깅하기
> • 음식의 칼로리 조절 계획 실천하기

조언

새로운 성과 수준을 지속적으로 유지하는 것 역시 6시그마 활동의 중요한 한 부분이다.

---

14. 결국 사람의 힘

6시그마가 모든 구성원들의 실수를 줄이는 방법이라 했을 때, 결국 그 힘의 원천은 잘 교육되고 훈련된 사람에게서 나온다. 6시그마는 품질 자격(Belt) 제도를 채택하여 지속적인 교육 훈련을 실시한다.

과거의 개선 활동		• 획일적인 이론 중심의 교육이었다. • 모든 사람이 일과 외의 여유 시간을 이용하여 문제를 바라보았다.
6시그마 활동		• 교육 후 바로 현실 문제에 적용한다. • 문제 해결과 지도를 전담하는 '블랙벨트'가 주축을 담당한다.

▶ Belt 제도

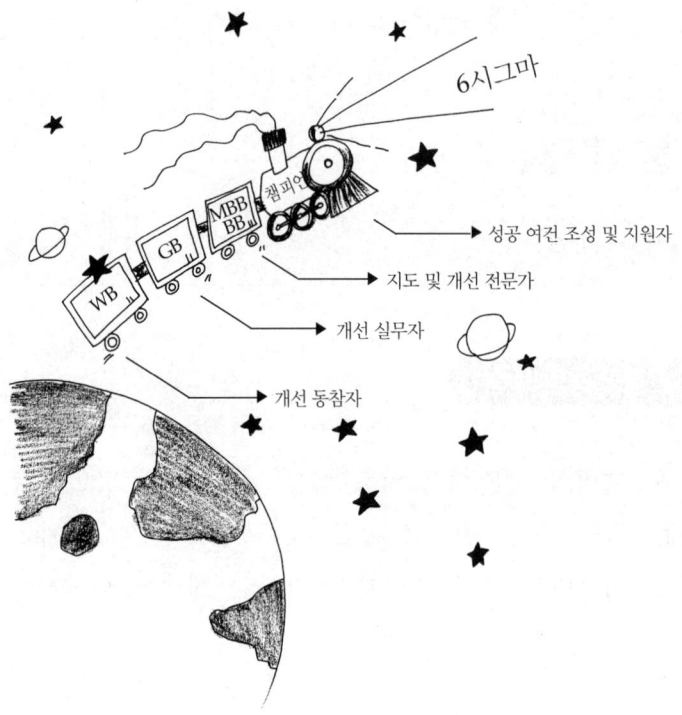

각 Belt가 주어진 역할을 충실히 수행하고 변화에 대한 적극적인 수용 의지를
지니고 있을 때 비로소 6시그마는 위력을 발휘한다.

15. 6시그마 운동은 기업 문화를 바꾼다

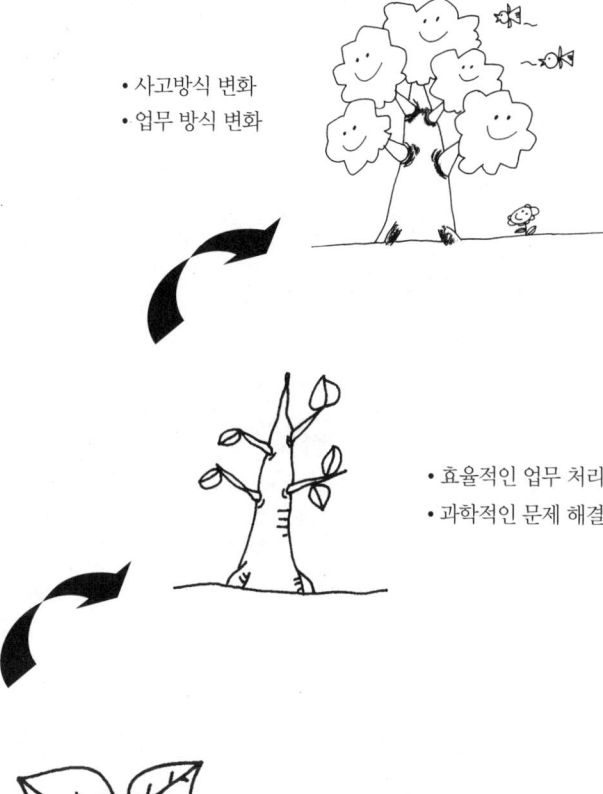

• 사고방식 변화
• 업무 방식 변화

• 효율적인 업무 처리
• 과학적인 문제 해결

• 6시그마 과제 수행
• 투명한 데이터 관리

PART 2

6시그마와 함께하는
창대리 가족의 행복 찾기

창대리

회사일로 항상 바쁘지만 든든한 가장이자 자상한 아빠가 되려고 애쓴다.
최근 배운 6시그마에 관심이 많다.

창대리 아내

약간 수다스럽지만 생활력이 강하다.
최근 창돌이가 다니는 학교 근처에 분식집을 열었는데,
장사가 잘 되지 않아 걱정이다.

창돌이

초등학교 6학년.
활달한 성격으로, 친구들과 어울리기 좋아하고 컴퓨터를 즐긴다.
하지만 수학 공부를 싫어한다.

궁금이

유치원생.
오빠를 닮아 명랑하고 궁금증을 못 참는 성격으로,
가끔 엉뚱한 질문으로 어른들을 당황하게 만든다.

강BB

창대리의 이웃이자 회사 동료. 6시그마 전문가로, 교육이나 과제 해결
모두에서 능력을 인정받는 블랙벨트(BB).

1) 잘게 쪼개어 구체화한다

"문제라는 것은 대부분 실타래처럼 얽혀 있기 마련인데, 이러한 문제들을 한꺼번에 해결한다는 것은 매우 어려운 일이지."

"바로 그게 내 고민이야. 도대체 어디에서부터 손을 대야 할지 모르겠다니까."

"문제를 보는 시각을 바꾸는 거야. 문제를 한번 해부해 보는 게 어때? 잘게 쪼개어 구체화시키면 문제가 명확해지고, 해결 가능성도 보이지 않겠나?"

"음… 무슨 말인지 조금은 알 것 같군. 매사에 항상 논리적인 자네가 부럽네그려."

"이게 바로 6시그마의 힘이야, 6시그마 활동을 하다 보면 문제를 해결하는 방법을 배우게 되거든."

"6시그마? 그거라면 나도 교육받은 적 있지만 도무지 어려워서, 원…."

"자네같이 6시그마를 어렵게 생각하는 사람들은 대부분 통계 기법에만 치중하기 때문에 그래. 통계 기법

은 문제 해결을 위한 수단일 뿐 그 자체가 목적이 될
수는 없어."

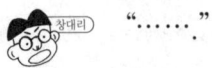 "……."

"그래서 말인데, 자네 집안의 문제가 무엇인지는
모르지만 6시그마 기법으로 풀어 보는 게 어떻겠나?
　　6시그마가 만병 통치약은 아니지만, 문제를 해결하
는 훌륭한 안내자임에는 틀림없어."

2) 측정 단계 개요

"그러면 6시그마의 진행 단계인 MAIC 중 첫 번째
인 측정 단계(M)에 대해 간단히 알아볼까? 측정 단계
에서 해야 할 일은 크게 두 가지로 볼 수 있어."

●첫 번째 : 개선할 대상을 선정한다
　　　　• 고객의 CTQ를 찾아낸다.
　　　　• 결함의 기준을 설정한다.

●두 번째 : 현재의 수준을 알고 목표를 설정한다
　　　　• 데이터의 신뢰성을 검정한다(측정 시스템 확인).
　　　　• 현재의 수준을 파악한다.

• 현 수준을 기초로 하여 개선 목표를 설정한다.

6시그마를 12단계로 나누었을 때, 1~5단계가 측정 단계에 속한다.

3) 어디에서부터 손을 댈까?

병을 치료하려면 그에 앞서 정확한 진단이 필요하다. 진단만 제대로 이루어진다면 치료 방법은 너무나 많다.

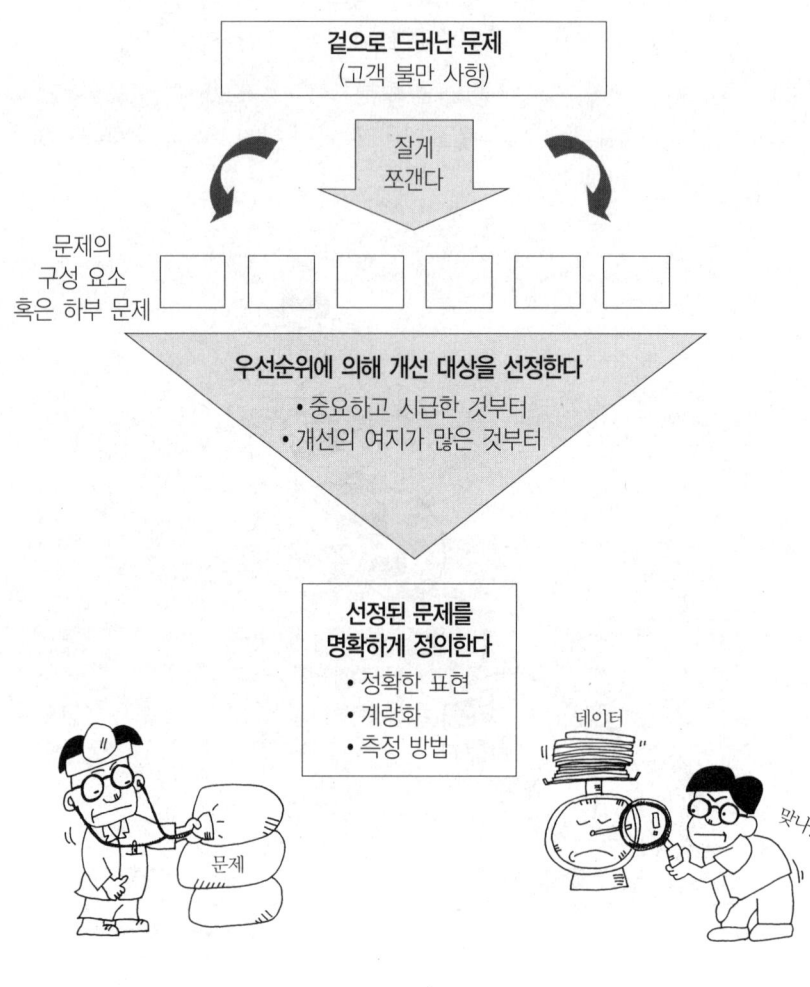

겉으로 드러난 문제
(고객 불만 사항)

잘게
쪼갠다

문제의
구성 요소
혹은 하부 문제

우선순위에 의해 개선 대상을 선정한다
• 중요하고 시급한 것부터
• 개선의 여지가 많은 것부터

**선정된 문제를
명확하게 정의한다**
• 정확한 표현
• 계량화
• 측정 방법

데이터

맞나?

문제

조 언

문제 해결에 욕심은 금물! 병은 하루아침에 치료되지 않는다. 우선순위에 따라 실현 가능한 것부터 하나씩 해결해 나간다.

4) 우선순위가 높은 것 선택

▶ **우선순위 선정시 착안 사항**

- 영향이 가장 큰 것
- 점유율이 가장 높은 것
- 수준이 가장 낮은 것(키 재기)
- 시기적으로 가장 급한 것

너무나 당연한 것처럼 보이지만, 실제적인 문제에 직면했을 때 우선순위를 올바르게 선정하기란 생각처럼 쉽지 않다.

● **합리적인 우선순위 선정에 도움을 주는 기법**

- XY 매트릭스(XY Matrix)

고객의 요구 사항(상위 문제)을 'Y' 라고 할 때, 그것에 영향을 주는 세부 공정이나 품질 특성 등 하부 문제를 'X' 로 보고 상호 영향의 정도를 수치로 매겨 순위를 결정하는 방법이다. 여러 가지 문제가 복합적으로 얽혀 있을 때 팀원간 토의를 통해 문제를 분해하는 데 유용하다.

- 파레토 그림(Pareto diagram)

일차적으로 분해된 문제들 중 대상 건수나 수량 등의 점유율을 도표로 작성하여 가장 비중이 큰 것을 선정하는 방법이다.

특정 기법을 반드시 사용해야 한다는 강박 관념에서 벗어나자. 합리적인 방법이라면 어떤 것이든 활용해도 좋다.

좀더 자세히 알아보자. XY 매트릭스는 어떻게 작성할까?

고객의 요구 사항									점수	%	순위
Y		1단계									
가중치		2단계									
No	X								점수	%	순위
1											
2											
3	3단계		4단계						5단계		
4											
5											
6											
7											
8											
9											
10											
11											
12											

1단계: 겉으로 드러난 문제 중 고객의 입장에서 중요하다고 생각되는 것을 매트릭스 상단에 나열한다.

2단계: 중요도에 따라 가중치를 10점 척도(1~10점)로 부여한다.

3단계: Y에 영향을 주는 X를 도출하여 왼쪽에 나열한다. 이때 Y는 관련 품질 특성, 하부 프로세스, 투입물 등이 될 수 있다.

4단계: 각 Y에 대한 X의 영향도를 고려하여 10점 척도로 점수를 부여한다.

5단계: 각 X의 점수에 대한 Y의 가중치를 곱하여 나온 값을
전부 합산하고, 총점에 대한 각 X의 점수 비율을 계
산한 후 점수에 의거하여 우선순위를 매긴다.

5) 문제의 구체화를 통한 개선 대상 선정

 "문제를 잘게 쪼개어 구체화시켜라, 이거지?"

XY 매트릭스 기법을 활용하기로 마음먹은 창대리가 가족
회의를 소집한 후 브레인스토밍을 통하여 작성한 결과는 다음
과 같다.

〈우리 가족의 문제에 대한 XY 매트릭스〉

X	우리 집안의 문제					
Y	맛나 분식의 불경기	창돌이의 저조한 심리 상태	퇴근이 즐겁지 않은 아빠			
가중치	10	8	7	점수	%	순위
맛나 분식 음식 맛	10	6	9	211	24	#1
가족들의 건강	7	–	4	98	11	
가족간의 대화	6	4	5	127	15	
생활비	4	–	3	61	7	
창돌이 시험 성적	8	10	7	209	24	#2
친구와의 관계	–	6	–	48	5	
여가 활용	5	–	6	92	11	
회사 일	–	–	4	28	3	

(총점 874점)

문제를 구체적으로 분해해 보았더니 겉으로 드러난 문제에 크게 영향을 미치는 중요한 문제들은 다음과 같았다.

1순위: 아내가 경영하는 분식점(맛나 분식)의 음식 맛
2순위: 창돌이의 시험 성적

 "아빠, 그런데 문제를 얼마나 잘게 쪼개어야 해요?"

"문제의 범위가 명확하게 좁혀져서 관리가 가능한 수준에 이를 때까지 해야 한단다."

XY 매트릭스를 통해 1차적으로 문제를 구체화하기는 하였으나 아직까지도 무언가 손에 잡혀지지 않는 것 같아 창대리는 문제를 한 단계 더 좁혀 보기로 했다.

"처음에는 마땅한 데이터가 없어서 브레인스토밍으로 XY 매트릭스를 작성했지만, 한 단계 좁혀 놓고 보니 이제 데이터를 구할 수 있을 것 같지? 하지만 기왕이면 데이터를 활용하는 것이 더 명확하겠다는 생각이 들지 않나?"

창대리가 1차로 도출된 두 가지에 대해 2차로 문제를 좁혀 본 결과는 다음과 같다.

50

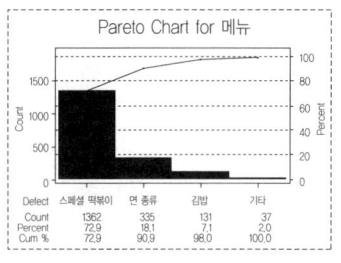

분식점 음식을 메뉴별로 나눔
(적용 기법: 파레토 그림)

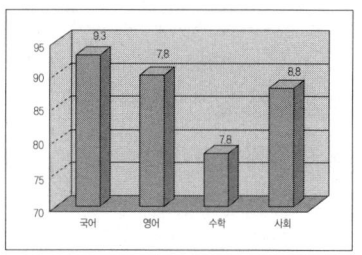

창돌이 시험 성적을 과목별로 나눔
(적용 기법: 막대 그래프)

선정 결과	
손님이 주문하는 점유율이 가장 높은 메뉴(스페셜 떡볶이)를 개선 대상으로 선정함	시험 성적이 가장 나쁜 과목(수학)을 개선 대상으로 선정함

6) CTQ에 대하여

여기서 잠시, 6시그마에서 사용되는 중요한 용어 중 하나인 CTQ에 대해 알아보기로 하자.

● CTQ(Critical To Quality)란 고객이 중요하다고 생각하는 품질 특성

제품이나 프로세스의 수준을 평가할 때 지표가 되는 품질 특성 중에서 고객에게 중요한 영향을 미치는 것을 CTQ라 한다. 이는 주로 신속성, 정확성, 완전성, 만족도 등을 나타내는 수치 및 기술적 성능을 말한다. 예를 들면 시간, 치수,

물성치, 건수, 수량, 비율 등이 여기에 속한다.

창대리의 이야기 속에서 **CTQ**를 도출해 낸 과정을 다시 한 번 짚어 보자.

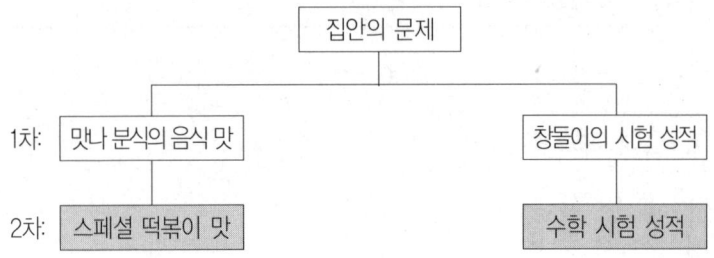

단계를 거쳐 내려갈수록 문제가 명확해지고 개선 대상이 구체화됨을 알 수 있다. 창대리는 더 이상 하부 단계로 전개할 필요가 없다고 판단하고, 여기서 **CTQ** 선정을 마무리하였다.

● 창대리 가족의 CTQ
- 맛나 분식의 스페셜 떡볶이 맛
- 창돌이의 수학 시험 성적

조언

6시그마 과제를 추진할 때는 CTQ를 하나만 선정하지만 여기서는 학습 목적상 두 개의 CTQ를 선정하였다. 두 과제의 진행 과정을 통해 6시그마를 이해하는 데 많은 도움이 될 것이다.

그런데 문제가 생겼다. CTQ는 반드시 측정이 가능해야 한다고 했다. 하지만 수학 성적이라면 모를까, 떡볶이 맛을 어떻게 측정하여 수치로 나타낸단 말인가?

답답해진 창대리는 강BB에게 전화를 걸어 도움을 청했다.

"강BB! 이럴 땐 어떻게 하지? 측정할 방법이 없으면 CTQ에 대한 문제 해결을 포기해야 하는 건가?"

"그럴 수는 없지. 측정 방법을 찾아내는 것도 문제 해결의 한 부분이거든. 음…이런 경우라면 설문 조사를 해보는 게 어떨까?"

단지 수집이 어려울 뿐, 데이터가 없는 경우는 없다.

"그래! 설문 조사를 통해 손님이 직접 평가하도록 하는 거야! 그런데… 설문 조사에 잘 응해 줄까?"

창대리는 고심 끝에 다음과 같은 방법을 고안해 냈다.

"출입구 쪽에 꽃바구니를 세 개 준비해 놓고 손님이 떡볶이를 먹고 나갈 때 장미꽃을 해당 바구니에 직접 넣게 한다면….''

저희 맛나 분식을 찾아 주셔서 감사합니다

"스페셜 떡볶이를 더욱 맛있게 만들어 드리기 위해 손님 여러분께 맛에 대한 평가를 부탁드립니다."

맛있다   보통   맛없다

3. 결함 기준 설정

앞에서 CTQ는 고객에게 있어 중요한 품질 특성을 수치로 나타낸 것이라고 했다. 그렇다면 이 수치가 어느 정도일 때 고객은 만족할 수 있을까? 여기에는 별도의 판정 기준이 필요한데, 6시그마에서는 이것을 '결함의 기준'이라고 한다.

● 결함(Defect)의 기준

CTQ에 대한 합부를 판정하는 기준으로, 설정 근거는 다음과 같다.

- 고객이 요구하는 최고 수준
- 계약서나 설계 도면 상의 기준, 표준 spec., 내부 관리 기준
- 벤치마킹을 통한 선진 기준 참고
- 팀원간 토의 및 챔피언의 의지를 반영한 기준 설정(예를 들면 ±0.5mm, 2주 내 완료, 3일 이내 통관, 스크랩률 3% 이하 등)

조언

6시그마의 핵심은 이 결함을 감축함으로써 고객을 만족시키는 것이다.

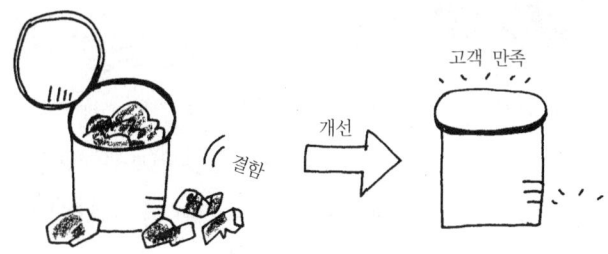

결함의 기준은 개선 과제의 목표와는 다르다. 목표라는 것은 기준을 벗어나는 것, 즉 결함을 얼마나 줄일 것인가를 정한 것이다.

● **창대리 가족이 설정한 결함의 기준**
- 스페셜 떡볶이의 맛: Zero Defect를 기준으로 한다. 손님이 맛이 없다고 평가한 것은 전부가 결함이다.
- 수학 시험 성적: 85점(Spec. 하한치). 수학 시험의 난이도

를 감안하여 85점 이상이면 고객(가족)이 만족할 수 있는
수준이라고 설정한다.

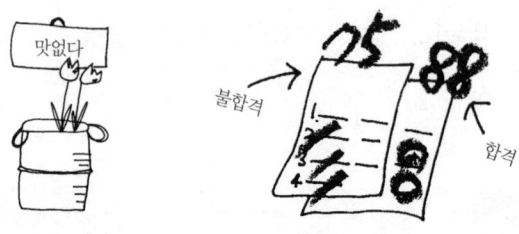

4. 데이터의 신뢰성

측정 시스템 확인이란 한마디로 말하면 '데이터의 신뢰성을
확인하는 것'이다. CTQ를 측정하는 과정에서 데이터의 변동
이 발생할 수 있는데, 계측기를 활용하거나 사람의 자극을 통
해 측정이 시행되므로, 계측기 자체의 오차뿐만 아니라 측정
자의 개인적인 차이가 있기 때문이다.

신뢰성이 없는 데이터에 근거한 분석 결과로는 올바른 문제
해결을 할 수 없으며, 오히려 문제를 악화시킬 수도 있다. 데
이터의 신뢰성을 확보하는 것은 매우 중요한 문제이므로, 측
정 시스템 확인에 대해 좀더 자세히 알아보기로 하자.

측정 시스템 확인은 측정 시스템의 문제로 발생한 데이터의
변동을 분석하여 변동의 원인이 어디에 있는지 제시해 주는
역할을 한다.

● 측정 시스템 변동
  • 계측기에 의한 변동: 반복성(Repeatability)의 문제
  • 측정자에 의한 변동: 재현성(Reproducibility)의 문제

● 측정 시스템에 문제가 있는 것으로 나타났을 때의 조치 방법
  • 변동의 주요 원인이 계측기에 있다면(반복성의 문제) 계측기의 대체, 수리 및 조정이 필요하다.
  • 변동의 주요 원인이 측정자에 있다면(재현성의 문제) 작업(검사) 표준을 재정립하고, 측정자별로 차이가 있다면 그에 따른 교육 실시 등의 조치를 강구해야 한다.

1) 측정 시스템 확인의 중요성

데이터의 측정 방법, 수집 방법, 자료의 출처 등에 따라 측정 시스템 확인을 할 필요가 없거나 확인할 수 있는 방법이 없는 경우가 있는데, 일반적으로 다음의 경우 측정 시스템 확인을 생략할 수 있다.

● 측정 시스템 확인을 생략할 수 있는 경우
  • 설문 조사 방법으로 CTQ를 측정한 경우
    정답이 모호할 뿐 아니라 반복 측정할 수도 없는 경우 이 방법을 사용한다. 그러나 신뢰성을 높이기 위해 사전에 설문 방법을 잘 고안해야 한다.

- 전산에서 데이터를 다운받은 경우
  결산 수불 작업을 통해 검증된 데이터이므로 별도로 확인할 필요가 없다. 그러나 데이터를 가공할 때 오류가 없도록 주의하여야 한다.
- 공인 기관이나 외부에서 측정한 데이터를 활용한 경우
  자체적으로 신뢰성을 확인할 별다른 방법이 없다. 그러므로 이러한 데이터를 활용할 때는 신중하게 판단하여 선택해야 한다.
- 기타 기술적으로 측정 시스템 확인이 불가능한 경우
  가급적 이러한 것은 CTQ로 선정하지 않는 것이 좋으나, 불가피한 경우 사전에 측정 표준을 명확히 하고 계측기의 검교정 여부 및 유효 기간을 확인하는 것으로 측정 시스템 확인을 대신한다.

● 창대리 경우의 측정 시스템 확인

CTQ	스페셜 떡볶이 맛	수학 시험 성적
측정 방법	설문 조사	교사의 평가
측정 시스템 확인	생략(정답이 모호함)	생략(객관적으로 신뢰함)

두 가지 경우 모두 측정 시스템 확인을 생략하여도 좋다.

그러나 여기서 잠시 데이터의 유형에 대해 알아 둘 필요가 있다. 이것을 알아야 각종 분석을 올바르게 할 수 있기 때문이다.

─해설

▶ **데이터의 유형**

●계량형 데이터(연속형 데이터)
- 길이, 무게, 온도, 시간, 강도 등과 같이 계량적으로 나타낼 수 있는 것을 말한다.
- 소수 이하까지 나눌 수 있으므로 많은 정보를 얻을 수 있다.

●계수형 데이터(이산형 데이터)
- 불량품의 수, 특정 사건의 횟수 등 단순히 발생 빈도를 세어서 얻은 데이터를 말한다.

● 창대리 경우의 데이터 유형
- 스페셜 떡볶이의 맛: 계수형 데이터('맛없다'의 장미꽃 수)
- 수학 시험 성적: 계량형 데이터

2) 데이터 유형을 알아야 하는 이유

6시그마에서는 데이터를 활용하여 많은 통계 분석을 하게 되는데, 데이터의 유형이 다르면 적용하는 통계 기법이 달라지게 된다.

데이터가 계량형인지 계수형인지 구분이 애매한 경우라면

어느 쪽을 선택해도 문제는 없지만, 가능하다면 계량형으로 하는 것이 많은 정보를 얻을 수 있으므로 더 좋다.

예를 들어, 창대리의 경우 떡볶이 맛이 계수형이므로 '맛없다(불량)'라고 판정한 숫자만 있을 뿐 얼마나 맛이 없는지는 파악할 수 없다.

● 데이터의 유형에 따라 적용 방법이 달라지는 것
  • 결함의 정의와 기준이 다르다
    계수형: 합격, 불합격의 판단 기준만 있으며, 경우에 따라 이 기준이 문서로 이루어진 것도 있다.
    계량형: 규격 상한치와 하한치(또는 한쪽 규격)로 표시한다.
  • 공정 능력을 산출하는 방법이 다르다
    계수형: '공정 능력 산출표' 활용
        (DPMO 산출 → 시그마 수준)
    계량형: '미니탭' 활용(PPM 산출 → 시그마 수준)
  • 이 외에도 앞으로 배우게 될 '분석 – 개선 – 관리' 단계에서 데이터의 유형에 따라 적용 기법을 달리하는 것들이 많다.

3) 측정 시스템 확인 사례

창대리의 경우 측정 시스템 확인을 생략할 수밖에 없었지만, 다른 사례를 통해 측정 시스템 확인 방법을 공부해 보자.

측정 시스템 확인도 데이터의 유형에 따라 방법이 다르지만, 다음은 계수형 데이터에 대한 측정 시스템 확인 사례이다.

〈사 례〉
측정 시스템을 확인하기 위해 3명의 검사자에게 10개의 제품을 각각 2번씩 검사하게 하여 다음과 같이 정리하였다.

OK: 합격 판정/NO: 불합격 판정

제품 No	A 검사자			B 검사자			C 검사자			ABC
	1회	2회	불일치	1회	2회	불일치	1회	2회	불일치	불일치
1	OK	OK		NO	NO		OK	OK		√
2	OK	OK		OK	OK		OK	OK		
3	OK	OK		OK	OK		OK	OK		
4	OK	OK		OK	NO	√	OK	NO	√	√
5	OK	OK		OK	OK		OK	OK		
6	OK	OK		OK	OK		OK	OK		
7	OK	OK					OK	OK		
8	OK	OK		OK	OK		NO	OK	√	√
9	OK	OK		NO	OK	√	OK	OK		√
10	OK	OK		OK	OK		OK	OK		

※ 각 검사자 개인의 불일치와 전체의 불일치를 √ 로 표시함.

4) 검사 결과의 일치성 평가 계산

● 반복성(Repeatability)
　• 각 제품에 대해 검사자가 일관성 있게 평가한 수를 계산

한다.
- 평가 결과를 총 제품 수로 나눈다.

  A 검사자: 10 ÷ 10 = 100%

  B 검사자: 8 ÷ 10 = 80%

  C 검사자: 8 ÷ 10 = 80%　　➡　적어도 90% 이상은 되어야 함

  전체적인 반복성: 26 ÷ 30 = 86.7%

- **재현성(Reproducibility)**
  - 각 제품에 대해 모든 검사자가 일관성 있게 평가한 수를 계산한다.
  - 평가 결과를 총 제품 수로 나눈다.

    재현성: 6 ÷ 10 = 60%　　➡　적어도 90% 이상은 되어야 함

계수형 측정 시스템의 궁극적인 목표는 반복성 및 재현성을 90% 이상 확보하는 것이다.

상기의 경우 측정 시스템에 대한 신뢰성이 떨어진다. 특히 재현성의 문제가 크므로, 측정자간 눈높이를 맞추기 위해 검사 표준을 재정립할 필요가 있다.

5. 데이터 수집

개선 과제(CTQ)를 선정하고, 결함의 기준도 설정하였다. 그리고 데이터를 수집하기 전에 측정 시스템 확인도 완료하였다

면 이제 데이터만 있으면 현재의 수준을 파악할 수 있다.

창대리는 현재의 수준을 파악하기 위해 데이터를 수집하였다.

〈창돌이의 수학 시험 성적에 대한 데이터〉

시험 일자			시험 종류	점수
연	월	일		
○○년	○○월	○○일	주간 시험	80
		××일	주간 시험	75
		△△일	수학 경시 대회	78
평균				78

※ 데이터 수집 기간: 최근 6개월의 성적(○○년 ○○월~××월)

〈맛나 분식점 스페셜 떡볶이 맛에 대한 데이터〉

일자	요일	총 응답자 수	맛있다	맛없다	불량률(%)
1	월	33	21	12	36.4
2	화	28	17	11	39.3
3	수	24	15	9	37.5
4	목	37	25	12	32.4
5	금	31	21	10	32.3
6	토	46	31	15	32.6
합계		982	646	336	34.2

※ 데이터 수집 기간: 최근 1개월(○○년 ○○월)

▶ 데이터의 특성

일반적으로 우리가 수집한 데이터에는 두 가지 특성이 있다. 예를 들어, 표적에 화살을 많이 쏘아 점수의 분포도를 그려 본다면 다음과 같이 될 것이다.

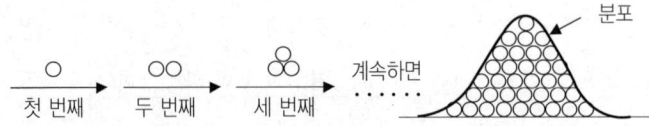

분포는 두 가지 큰 의미를 지니고 있다.

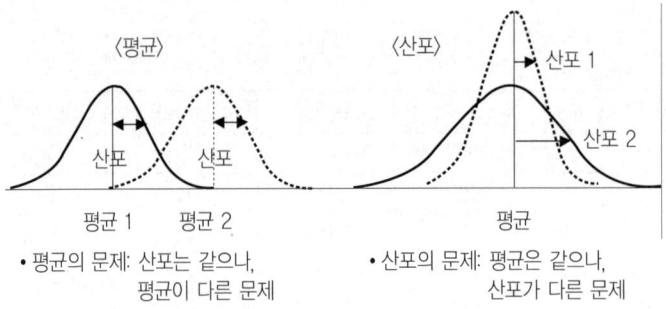

• 평균의 문제: 산포는 같으나, 평균이 다른 문제

• 산포의 문제: 평균은 같으나, 산포가 다른 문제

'평균'이라는 말은 평소에 많이 사용하고 있다. 그러면 '산포'란 무엇을 말하는 것일까?

▶ 산포란?

데이터가 평균으로부터 얼마나 흩어져 있는가를 나타낸다. 만약 화살을 10번 쏘아서 맞춘 점수가 아래와 같다면 각각 다음과 같이 된다.

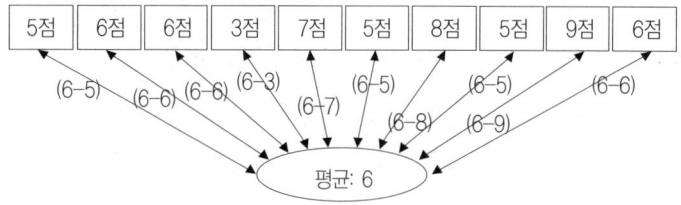

●편차: 평균으로부터 개별 데이터까지 떨어진 거리의 합
$$= (6-5)+(6-6)+(6-6)+(6-3)+(6-7)+(6-5)+(6-8)+(6-5)+$$
$$(6-9)+(6-6)=0$$

편차 '0'은 떨어진 거리를 나타내는 척도로서의 정보를 줄 수 없기 때문에 개별 데이터까지 떨어진 거리를 인위적으로 제곱하여 변동으로 나타낸다.

●변동: 평균으로부터 개별 데이터까지 떨어진 거리의 제곱합
$$= (6-5)^2+(6-6)^2+(6-6)^2+(6-3)^2+(6-7)^2+(6-5)^2+$$
$$(6-8)^2+(6-5)^2+(6-9)^2+(6-6)^2=26$$

●분산: 변동을 자유도(데이터 수-1)로 나눈 값
$$= 26 \div (10-1) = 2.888$$

●표준 편차: 분산의 제곱근 값
$$= \sqrt{2.888} = 1.699$$

평균으로부터 개별 데이터까지 떨어진 평균 거리를 '표준 편차(σ)'라 하며, 산포의 특성을 대표하는 것이 바로 표준 편차이다.

 "데이터 수집을 통해 문제(CTQ)에 대한 수준(불량률, 점수)을 이제 알게 되었어. 그런데 6시그마에서 말하는 '공정 능력'이라는 것은 무엇이고, 어렵게 그것을 계산하는 이유는 도대체 뭐야?"

공정 능력이란 현재의 프로세스가 결함이 없는 제품 또는 서비스를 생산할 수 있는 능력을 말한다. 공정 능력은 주로 '시그마(σ) 수준'이라는 수치로 나타낸다.

"공정 능력을 파악하는 이유는 다음과 같아."

- 공정 또는 업무 수준을 정량적으로 나타낼 수 있다.
- 기술 혹은 관리 중 어느 쪽이 문제인지 알 수 있다(계량형인 경우).
- 개선 효과를 비교할 수 있는 기준으로 활용할 수 있다.
- 타사 또는 타 부문과의 수준을 비교할 수 있다.
- 하위 프로세스의 수준을 합하여 전체 프로세스의 능력을 파악할 수 있다.

우리는 앞에서 공정 능력을 산출하는 방법이 데이터의 유형에 따라 다르다는 것을 배웠다. 그렇다면 데이터의 유형이 계량형일 때와 계수형일 때 공정 능력 산출 방법이 어떻게 다른

지 자세히 알아보기로 하자.

1) 계수형 데이터의 공정 능력 산출

데이터가 계수형인 경우 아래의 세 가지만 잘 정의되어 있으면 공정 능력을 간단하게 산출할 수 있다.

- 단위(Unit): 검사 또는 시험된 부품이나 대상의 수
- 결함(Defect): 기준을 벗어난 모든 것의 수
- 기회수(Opportunity): 단위(Unit)당 검사나 시험할 대상
  즉, 한 개의 단위에 대한 결함 대상
  의 총 개수

"음…내 경우에는 '스페셜 떡볶이 맛'이 계수형이
니까 이 방법을 적용하면 되겠군."

- 단위: 설문 조사에 응하여 바구니에 꽂힌 장미꽃의 총 수
- 결함: 앞에서 이미 정해진 결함의 기준에 따르면 '맛없다'
  바구니에 꽂힌 장미꽃의 수
- 기회수: 손님 1명당 '맛'이라는 한 가지 대상만 시험하므
  로 이 경우 기회수는 '1'이다.

이제 '공정 능력 산출표'를 활용하여 공정 능력을 산출해

보자. 공정 능력 산출표란 계수형에 대한 공정 능력을 자동으로 산출할 수 있도록 수식을 미리 만들어 놓은 엑셀 Sheet를 말한다. 입력 방법은 아래와 같이 ①, ②, ③, ④만 입력하면 된다.

Product / Process	Defects	Unit	Opt	Total Opt	DPU	DPO	DPMO	Shift	Long Term Capability	Sigma
	_D_	_U_	_OP_	_TOP_	_DPU_	_DPO_	_DPMO_	_Shift_	_Sigma-L_	_Z.B_
①	②	③	④							
스페셜 떡볶이	336	982	1	982	0.3422	0.342159	342159	1.5	0.41	1.91
Grand Total	336			982		0.342159	342159	1.5	0.41	1.91

스페셜 떡볶이 맛의 공정 능력은 1.91σ이다.

해설

- TOP(Total Opportunities): 총 기회 = Unit×Opportunity
- DPU(Defects per Unit): 단위당 결함 = Defect ÷ Unit
- DPO(Defects per Opportunity): Defect ÷ Total Opportunities
- DPMO(Defects per Million Opportunities) = DPO×1,000,000

2) 계량형 데이터의 공정 능력 산출

계량형 데이터에 대한 공정 능력을 올바르게 산출하려면 다음 3가지를 알고 있어야 한다.

- 데이터는 정규성이 있는가?(정규성 검정)
- 규격(Spec.)은 무엇인가?(결함의 기준)
- 수집한 데이터가 단기 데이터인가, 장기 데이터인가?

● 계량형 데이터의 공정 능력 산출 절차

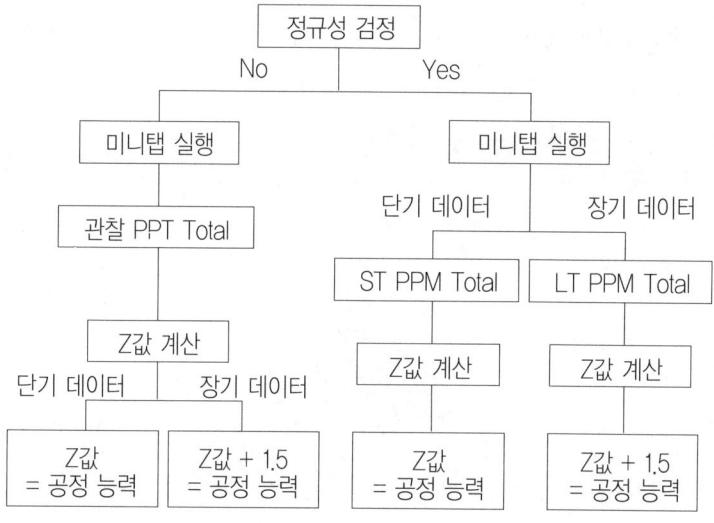

※ ST(Short Term): 단기 / LT(Long Term): 장기 / Z값: 시그마 값

주의

정규성 유무 및 단기 데이터인가 장기 데이터인가에 따라 어떤 PPM값을 택할 것인지, 그리고 Z값에 1.5를 더할 것인지 말 것인지의 여부가 결정된다.

3) 데이터의 정규성 검정

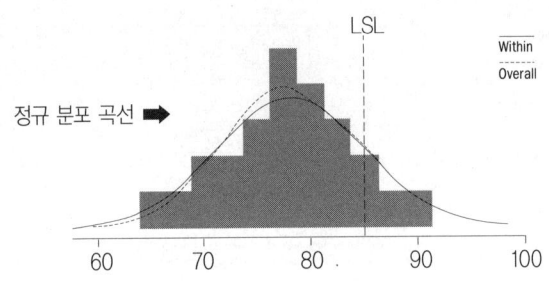

"계수형의 경우는 간단했는데 계량형 데이터는 공정 능력을 산출하기 전에 알아야 할 것들이 많군. 처음 보는 용어들도 있고…."

정규성 검정이란 수집한 데이터가 정규 분포를 이루고 있는지를 검정하는 것이다.

데이터의 대부분은 중심값 주변에 근접해 있으며, 중심에서 멀어질수록 데이터 수가 점점 줄어든다. 이것을 분포 곡선으로 나타낸 것이 '정규 분포'이다.

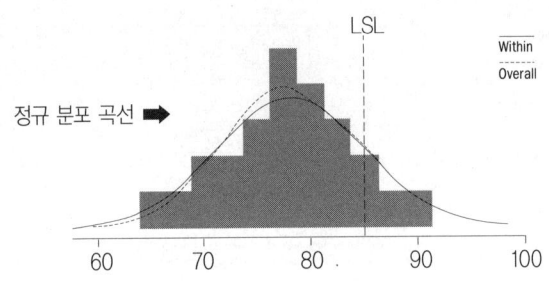

경험적 통계에 의하면 회사 공정에서 측정할 수 있는 대부분의 데이터는 정규 분포를 이루고 있다.

"그렇다고 너무 겁낼 건 없어. 미니탭을 활용하면 쉽게 정규성을 검정할 수 있으니까."

미니탭

창대리의 경우 두 번째 **CTQ**인 수학 시험 성적이 계량형 데이터이므로, 미니탭을 활용하여 정규성 검정을 할 수 있다.

● 정규성 검정 방법
　• 미니탭 실행: Stat〉Basic Statistics〉Normality Test〉
　　　　　Variable란에 '수학 시험 점수' 선택〉OK
　　　　　클릭
　• 실행 결과

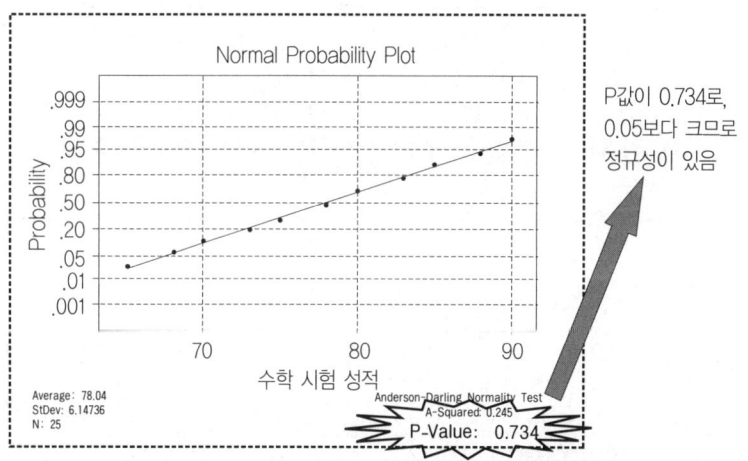

Normal Probability Plot

Probability

.999
.99
.95
.80
.50
.20
.05
.01
.001

70　　80　　90

수학 시험 성적

Average: 78.04
StDev: 6.14736
N: 25

Anderson-Darling Normality Test
A-Squared: 0.245
P-Value: 0.734

P값이 0.734로,
0.05보다 크므로
정규성이 있음

● P값과 정규성 판단

정규성 검정에서 P값이 0.05보다 크면 정규성이 있고, 0.05보다 작으면 정규성이 없다.

장대리 "수학 시험 성적 데이터는 정규성이 있다는 말이지? 그렇다면 공정 능력을 산출하기 위한 정규성 검정은 해결되었고 규격(spec.)도 결함의 기준을 이미 정해 놓았으니 문제가 없는데, 단기 데이터나 장기 데이터는 도대체 무슨 뜻이지? 데이터 수집 기간을 말하는 건가?"

해설

▶ 단기 데이터와 장기 데이터의 의미

단기 데이터	장기 데이터
• 단일 작업 교대 시간에 걸쳐서 • 하나의 기계를 사용해서 • 한 명의 작업자를 대상으로 • 하나의 Lot에 속하는 원자재 등으로부터 수집된 데이터	• 다수의 작업 교대 시간에 걸쳐서 • 다수의 기계를 사용해서 • 여러 명의 작업자를 대상으로 • 다수의 Lot에 속하는 원자재 등으로부터 수집된 데이터

강BB "우리 주변의 일상에서 수집한 데이터는 대부분 장기 데이터야. 수학 시험 성적의 경우, 시험의 종류와 내용이 다양하니까 장기 데이터라고 보면 돼."

▶ 단기 공정 능력과 장기 공정 능력

단기 공정 능력	장기 공정 능력
• 단기 데이터로 산출한 공정 능력 • 최적 조건에서의 공정 상태	• 장기 데이터로 산출한 공정 능력 • 일상 조건에서의 공정 상태

일반적으로 공정 능력이라 함은 단기 공정 능력을 말한다. 그러므로 장기 데이터로 산출한 장기 공정 능력은 단기 공정 능력으로 바꾸어 주어야 하는데, 이때 1.5를 더해 준다.

단기 공정 능력 = 장기 공정 능력 + 1.5

4) 수학 시험 성적의 공정 능력 산출

수학 시험 성적은 정규성이 있으며 장기 데이터이므로, 공정 능력 산출 절차는 다음과 같다.

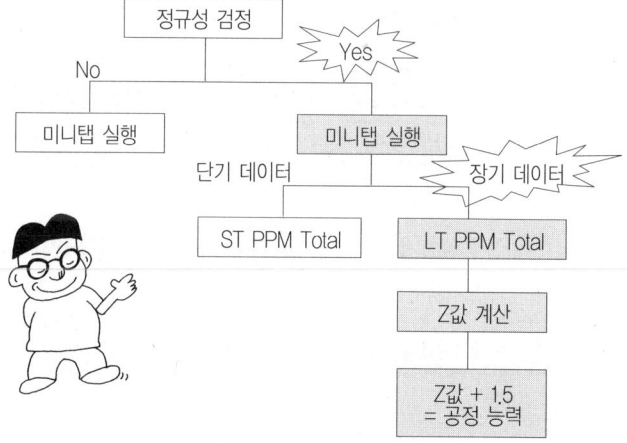

● 공정 능력 산출 방법

　　• 미니탭 실행: Stat〉Quality Tools〉Capability〉Analysis (Normal)〉Single Column란에 '수학 시험 점수' 를 입력하고 Subgroup size란에는 '1' 을 입력한다. Spec.이 85점 이상이므로 Lower spec.(규격 하한치)란에는 '85' 를 입력한다. 이 경우 Upper spec.(규격 상한치) 은 없으므로 비워 둔다.〉OK 클릭

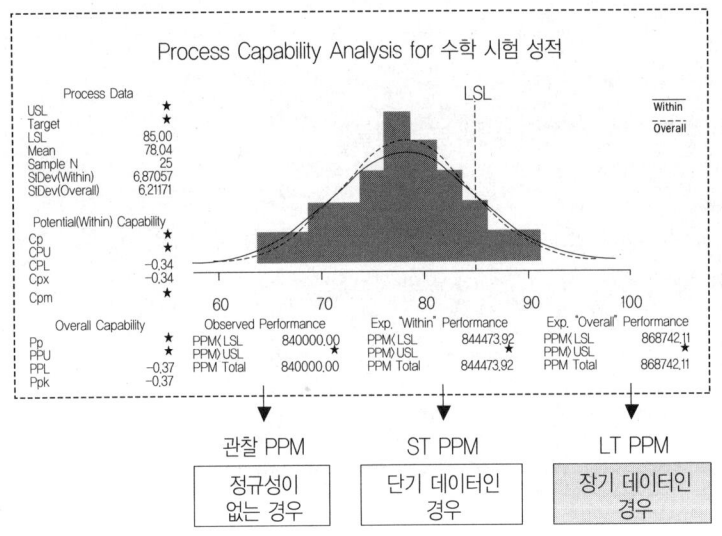

　　• 정규성이 있으며 장기 데이터이므로 LT PPM Total값을 읽는다.
　　• 앞에서 읽은 PPM값을 활용하여 Z값을 계산한다.

* 미니탭 실행: Calc 〉 Probability Distributions 〉 Normal 〉 Inverse
　　　　　　 cumulative Probability를 선택하고 Input constant란에 양품
　　　　　　 의 확률을 입력한다.

　　 양품의 확률 = 1 − 불량이 발생할 확률(PPM 백만)

　　 수학 성적의 불량률이 0.868742이므로 양품률은 0.1312580이다.

* 실행 결과

```
┌─────────────────────────────────────────┐
│                                         │
│     Inverse Cumulative Distribution Function │
│                                         │
│                  X                      │
│                −1.1205                   │
│                                         │
└─────────────────────────────────────────┘
```

'X'값이 바로 'Z'값이다.

- 공정 능력: 장기 데이터이므로 Z값에 1.5를 더한다.

　그러므로 창돌이의 수학 시험 성적 공정 능력은 0.38(−1.12 +1.5)가 된다.

　"휴, 이제야 공정 능력을 산출하는 방법을 조금 알 것 같군."

　"그런데 미니탭이 없으면 아무것도 할 수 없을 것 같아요."

　"그렇게 생각될 수도 있겠지만, 미니탭은 복잡한 계산을 해야 할 때 도움을 주는 것일 뿐 문제 자체를 해결해 주지는 않아. 결국 모든 것은 우리의 노력 여하

에 달려 있지."

"공정 능력이라는 것을 알았으니 이제 다 끝난 거 아닌가요? 6시그마인지 식은 밥인지 잘은 모르겠지 만…."

"아니, 지금부터 시작이란다. 이제 겨우 현재의 수준을 파악했을 뿐이거든. 개선 목표를 설정하고 이것을 달성하기 위해 현재의 문제를 분석한 뒤 개선안을 도출하여 실행에 옮기기까지 앞으로 많은 일들이 남아 있지. 하지만 너무 걱정하지는 마라. 너희 아빠는 잘 해내실 거야."

7. 개선 목표 설정

현재의 수준을 기초로 개선 목표를 설정한다. 개선 목표란 결함(Defect)의 감소, 즉 공정 능력 향상의 목표를 말한다. 목표를 설정할 때는 ①구체적이고, ②정량적이고, ③단기간 (4~6개월) 내 달성 가능한 수준으로 설정해야 한다.

"아빠, 그럼 우리 목표를 낮게 잡아요!"

"그럴 수는 없지. 6시그마라는 과제를 추진하는 것

자체가 목적이 아니라 6시그마 활동을 통해 우리 집의
행복을 실현시키는 것이 목적이거든.”

● 목표를 설정하게 되는 근거
  • Big – Y 등 프로세스의 목표가 이미 설정되어 있는 경우
    에는 이를 그대로 적용한다.
  • 벤치마킹을 통한 목표를 설정한다.
  • 챔피언이나 팀원의 의지를 반영한 목표를 설정한다.
  • 뚜렷한 기준이 없을 때는 일반적으로 현재의 결함을 90%
    개선하는 것을 목표로 설정한다.

〈스페셜 떡볶이 맛의 목표〉

구분	현 수준	목표	대비
Defect(맛없다) (단위: 개수/월)	336	33	▽303
DPMO	342,159	33,605	▽308,554
시그마 수준	1.91	3.33	▲1.42

※ 목표 설정 근거: 현재의 결함(Defect)을 90% 개선하는 것을 목표로 설정함.

〈수학 시험 성적의 목표〉

구분	현 수준	목표	대비
월 평균 성적	78	90	▲12
PPM	868,742	210,430	▽658,312
시그마 수준	0.38	2.30	▲1.92

※ 목표 설정 근거: 일반적으로 우등생의 기준인 90점 달성을 목표로 설정함.

"와, 목표만 달성되면 우리 집의 큰 고민거리는 다 해결되겠네!"

8. 핵심 인자 찾기

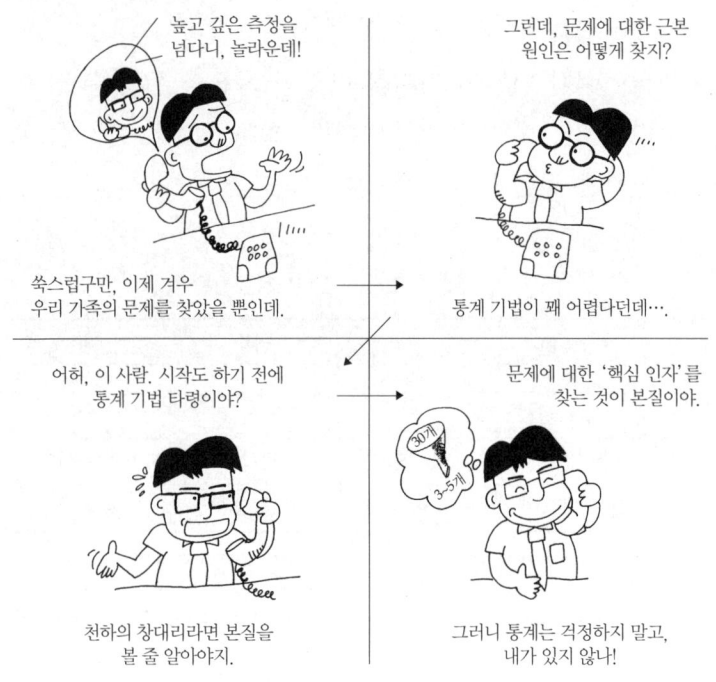

1) 핵심 인자가 본질

점심 시간. 강BB는 창대리를 직접 찾아와 문제의 본질을 찾

78

아 가는 방법에 대하여 설명해 주었다.

강BB "자네는 밤송이를 벗겨 알밤을 먹어 본 적 있는가? 맛을 보기 위해서는 밤송이 가시와 딱딱한 껍질을 벗겨 내고, 속에 있는 텁텁한 껍질까지도 벗겨 내야 제대로 맛을 볼 수 있지. 따라서 문제가 안고 있는 본질을 파악하기 위해서는 다양한 작업이 필요해. 6시그마에서도 마찬가지야. 알밤을 먹기 위한 다양한 작업 중 하나를 '통계 기법'이라 하고, 이런 과정을 통해 자네가 먹게 될 맛있는 알밤을 본질, 즉 '핵심 인자'라 하지."

창대리 "그러니까 통계 기법은 핵심 인자를 찾기 위한 하나의 수단이란 말이지?"

강BB "맞았어. 그러니 '핵심 인자'에 더 큰 관심을 가져야 된다는 거야. 물론 통계 기법을 활용할 수 있으면 금상첨화이겠지만."

창대리 "이해할 수 있을 것 같군. 통계 기법은 필요할 때 공부하거나 물어 봐라 이거지? 그럼 핵심 인자를 쉽게 찾는 방법은 지금 알려 주겠나?"

 "쉬운 것은 하나도 없다네. 다만 좀더 쉽게 찾을 수 있도록 원칙을 제공해 주지. 지금부터 그 원칙에 대하여 말할 테니 따라 해 보게. 그러면 핵심 인자를 쉽게 찾을 수 있을 거야."

핵심 인자란 문제(CTQ)에 큰 영향을 미치는 근본적인 소수 인자를 말하며, 'Vital Few' 라 부른다.

2) 원인을 쪼개고 좁혀라!

 "핵심 인자를 찾는 과정은 '쪼개고 좁히는' 과정이야. 간단하게 보일지 몰라도 그 과정 안에는 고통이 숨겨져 있다네. 마치 양파를 벗기는 과정처럼."

 "양파라 …."

 "그래, 양파 껍질을 한 꺼풀, 한 꺼풀 벗겨 나가자면 눈물, 콧물 다 흘리게 되겠지? 이처럼 문제의 본질을 파악하자면 당연히 고통이 따를 수밖에. 이것이 첫

원인을 쪼개자…

번째 원칙 '쪼개는 과정'으로서, 핵심 인자를 제대로
찾기 위한 기초 과정이야."

● 원인을 쪼개는 방법
 • 프로세스 맵(Process Map)
 • 특성 요인도(Fishbone Diagram)

 "그럼 두 번째 원칙은 뭐야?"

"쪼개는 과정에서 파악된 많은 인자 중 핵심 인자
를 걸러 내는 작업이 '좁히는 과정'이야."

"핵심 인자가 분석의 본질이라고 했으니 그럼 이
과정이 제일 중요하겠네?"

"맞았어. 그래서 이 과정에서는 기술적인 도움을
필요로 할 때가 많지. 내가 그 방법을 알려 주겠네."

● 원인을 좁히는 방법
 • 브레인스토밍으로 결정하는 방법: FMEA
 • 데이터를 통해 입증하는 방법: 가설 검정, 상관 · 회귀 분석

● 핵심 인자를 좁히는 방법
 • 브레인스토밍으로 결정하는 방법:

특성 요인도, 프로세스 맵 등으로 찾아낸 많은 잠재인자
를 대상으로 사람의 생각과 경험을 불어 넣어 몇 개의 핵
심 인자로 좁히는 것을 말한다. 6시그마에서 많이 사용하
는 기법이 바로 FMEA이다.

- 데이터를 통해 입증하는 방법:
한마디로 신뢰성의 문제이다. 즉, '생각과 경험을 통해 선
정된 인자들을 그대로 핵심 인자라고 말해도 될까?' 하는
의문에서 출발한다. 따지고 보면 브레인스토밍에 의한 핵
심 인자는 믿지 못할 구석이 많다. 다수의 사람이 잘못된
주장을 할 경우 소수의 사람은 목소리를 낮출 수밖에 없
으며, 이로 인해 잘못된 결과를 초래하게 되는 경우가 종
종 있다. 따라서 데이터를 통해 남녀노소 할 것 없이 모든
사람이 핵심 인자로 인정할 수 있도록 해야 하는 것이다.
이때 많이 사용되는 기법이 가설 검정과 상관·회귀 분석
이다.

장대리 "FMEA, 가설 검정이라구? 웬 용어가 이렇게 생소
하지?"

강BB "용어나 기법에 현혹될 필요는 없어. 단지 이런 것
이 FMEA이구나 하고 이해하면 돼. 중요한 것은 문제
에 영향을 미치는 핵심 인자야. 다시 한번 정리해 줄
테니 차근차근 핵심 인자를 찾아보라구."

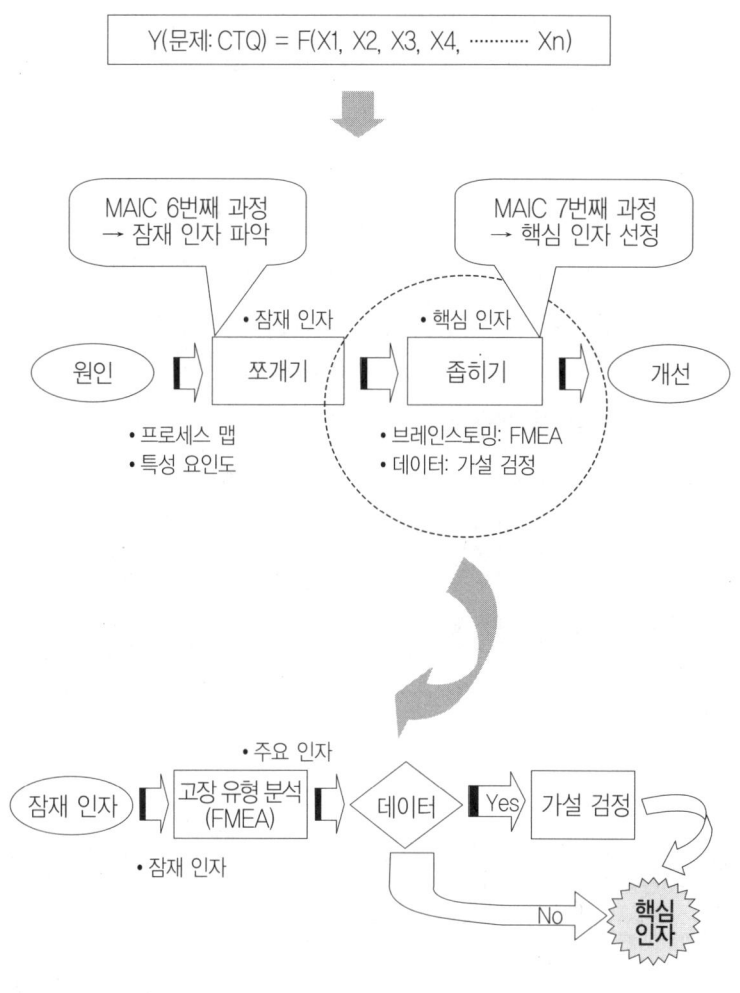

$$Y(문제: CTQ) = F(X1, X2, X3, X4, \cdots\cdots Xn)$$

MAIC 6번째 과정
→ 잠재 인자 파악

MAIC 7번째 과정
→ 핵심 인자 선정

• 잠재 인자

• 핵심 인자

원인

쪼개기

좁히기

개선

• 프로세스 맵
• 특성 요인도

• 브레인스토밍: FMEA
• 데이터: 가설 검정

• 주요 인자

잠재 인자

고장 유형 분석
(FMEA)

데이터

Yes

가설 검정

• 잠재 인자

No

핵심
인자

창대리는 앞에서 도출된 CTQ(창돌이의 수학 성적)에 영향을 미치는 원인을 '프로세스 맵'으로 찾아보았다.

'프로세스 맵(Process Map)'이란 공정 또는 업무의 흐름을 나열한 그림으로, 각 단위 공정 결과에 영향을 미치는 원인을 찾고 전체 공정 중 우선적으로 개선해야 할 공정과 원인을 찾는 기법이다.

프로세스 맵은 우선적으로 해결해야 할 과제를 선정할 때에도 사용되지만, 과제가 선정된 이후에도 업무를 이해하고 원인을 찾는 데 도움이 되므로 매우 중요하다.

● 프로세스 맵의 기본 구조

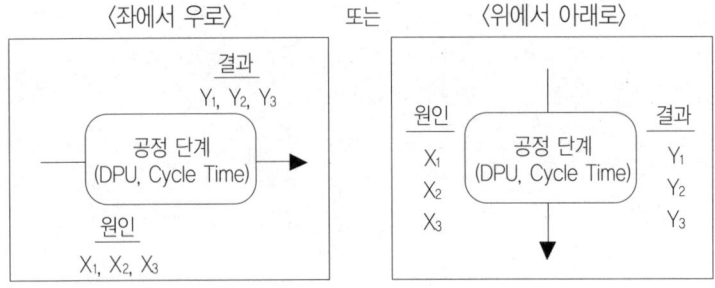

● 프로세스 맵 작성 방법
  • 공정(업무) 단계를 사각 박스로 나타내고, 화살표로 흐름을 표시한다.
    – DPU: 단위 공정(업무)에서 발생하는 단위당 결함 수
    – Cycle Time: 단위 공정(업무)에서 소요되는 시간
  • 결과(Y's)는 단위 공정(업무)을 통해 나오는 산출물이다.
  • 원인(X's)은 해당 공정(업무)의 결과에 영향을 미치는 투

입물이다. 주로 사람, 설비, 재료, 방법, 측정 등에 의해 발생된다.

창돌이가 수업을 마치고 집에 돌아와 무엇을 하는지 자세히 몰랐던 창대리는 궁금이에게 오빠가 오후 시간을 어떻게 보내는지 살펴보라고 일러 두었다.
그리고 일주일이 지난 후 동생 궁금이가 전해 준 정보를 토대로 창돌이 녀석의 일과에 대한 '프로세스 맵'을 만들어 보았다.

〈방과 후 창돌이 일과의 프로세스 맵〉

수업 끝!　　　　　컴퓨터 게임(3시간)　　　　저녁 식사(1시간)

TV 시청(1.5시간)　　　숙제(1.5시간)　　　　취침 그 결과, 창돌이의 일과 중 컴퓨터 게임에 몰두하는 시간(3시간)이 많다는 사실을 알게 되었다. 그리고 컴퓨터 게임이 창돌이의 수학 성적에 영향을 미치는 중요한 원인이 아닐까 하는 의심이 들었다. 확실한 물증은 없지만.

다음으로, 또 하나의 CTQ인 스페셜 떡볶이 맛에 영향을 미치는 원인을 '특성 요인도'로 쪼개어 보았다.

특성 요인도(Fishbone Diagram)란 문제에 대한 원인들이 어떤 관계를 가지고 있으며, 어떤 영향을 주고 있는지를 알기 위해 작성한 생선 가시 형태의 그림이다.

특성 요인도는 가능한 한 모든 원인을 도출해야 하므로, 팀원들과 함께 작성해야 한다.

● 특성 요인도의 기본 구조

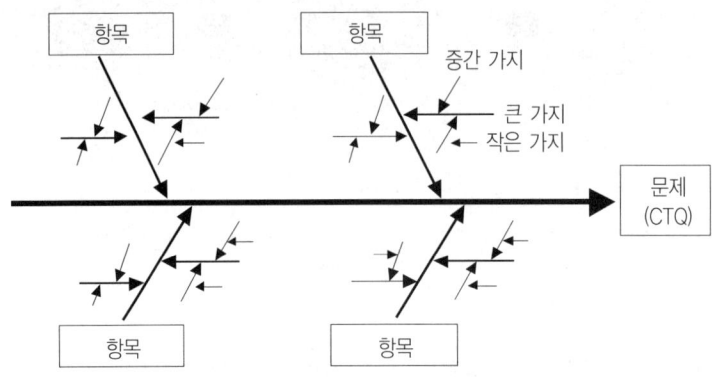

● 특성 요인도 작성 방법
 • 문제에 영향을 미치는 항목명을 기록한다. 항목명은 사

람, 설비, 방법, 재료 등을 주로 사용하지만, 원인의 특성을 대표할 수 있는 것이면 무엇이든 된다.

- 가능한 한 모든 원인을 생각하여 항목에 맞게 나열한다.
- 각 원인에 대해 '발생 원인'을 생각해 본다.
- 팀원과 함께 발생 가능성이 가장 높은 10~15개의 원인을 찾는다.

주말 오후, 창대리는 창돌이와 궁금이를 데리고 아내가 고군분투하는 분식점에 손님 자격으로 찾아가 왜 스페셜 떡볶이가 맛없는지 특성 요인을 분석해 보았다.

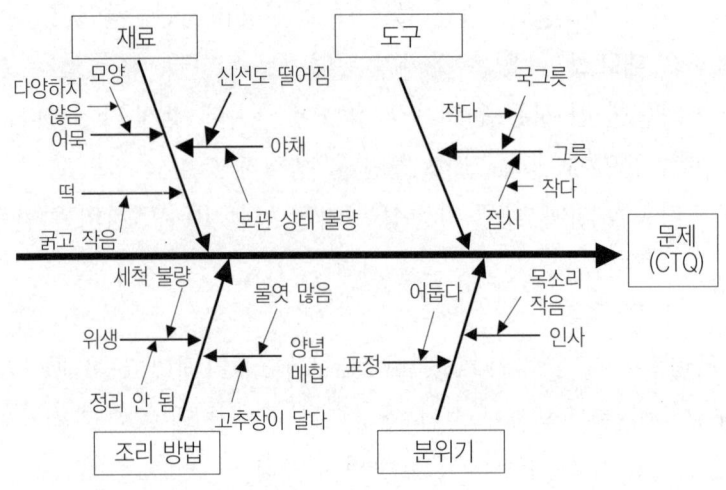

재료 / 도구

다양하지 않음 — 모양
어묵
신선도 떨어짐
야채

떡
굵고 작음
보관 상태 불량

국그릇
작다 — 그릇
작다
접시

문제 (CTQ)

세척 불량
위생
정리 안 됨

물엿 많음
양념 배합
고추장이 달다

어둡다
표정

목소리 작음
인사

조리 방법 / 분위기

　

　가족의 아이디어를 특성 요인도에 결합시키자 의외로 많은 원인들이 도출되었다. 그리고 특성 요인도와 같은 도구가 왜 필요한지를 알 수 있었다.

10. 원인 좁히기

　"아빠, 스페셜 떡볶이에 이렇게 많은 특성 요인이 있으니 이제 어떻게 해야 하지요?"

　"많은 원인 중에서 특히 더 중요한 몇 개의 원인으로 좁혀야 해. 이럴 때 '고장 유형 영향 분석'을 사용하는 거야."

 "고장 유형 영향 분석이 뭔데요?"

고장 유형 영향 분석(Failure Mode Effect Analysis)이란 공정 또는 업무의 고장 유형을 파악하고, 그 결과로 나타날 수 있는 영향과 원인을 조사·평가하여 위험도에 따라 우선순위를 정하여 적절한 대책을 세우는 기법이다.

● 고장 유형 영향 분석 용어 설명
- 고장 유형: 결함의 종류(형태)를 말한다. 보통 프로세스 맵, 특성 요인도를 통해 찾아낸 잠재 인자를 의미한다.
- 고장 영향: 고장 유형에 의해 나타나는 결과를 말한다.
  - 심각성: 고장 유형이 고장 영향에 미친 정도를 점수화 (1~10)
- 고장 원인: 고장 유형을 유발하는 근본적인 원인을 말한다.
  - 발생성: 고장 원인의 발생 빈도를 점수화(1~10)
- 현, 통제 방법: 고장 원인을 관리하거나 탐지해 내는 방법을 말한다.
  - 탐지성: 고장 원인의 탐지 정도를 점수화(1~10), 잘 탐지되지 않을수록 높은 점수 부여
- 위험도: 심각성 × 발생성 × 탐지성을 곱한 점수이다.
- 위험 순위: 위험도 점수가 높을수록 우선적으로 관리할 대상이다.

● 고장 유형 영향 분석의 기본 구조

공정 기능	잠재 고장 유형	잠재 고장 영향	심각성	잠재 고장 원인	발생성	현재 통제 방법	탐지성	위험도	위험 순위	조치 계획	담당/예정 일자
	①	②	③	④	⑤	⑥	⑦	⑧	⑨		

업무(공정): 팀원: — 고장 유형 영향 분석(FMEA) — 작성 일자: 수정 일자:

• 작업 순서별로 고장 유형과 영향 원인을 나타낸다.
• 고장 유형별 심각성, 발생성, 탐지성으로 종합적인 위험도를 파악한다.
• 위험도에 따른 개선, 관리의 우선순위를 정하고 대책을 수립한다.
• FMEA가 주는 정보
　－ 순차적인 원인(X)과 결과(Y)의 관계를 알게 해준다.

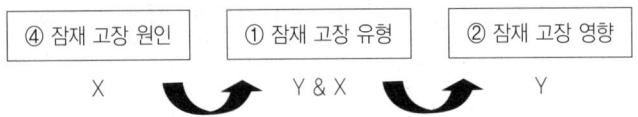

　－ 합리적 평가로 위험 순위를 결정한다.

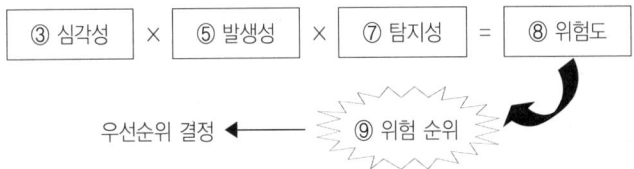

　－ 사전 예방 및 관리 방법을 제시한다. 고장 유형에 대한

위험도를 끊임없이 하향 관리하는 위험 관리 활동이다.

창대리는 특성 요인도를 통해 찾아낸 '스페셜 떡볶이 맛'에 영향을 미치는 많은 원인 중에서 어떤 것을 우선적으로 조치해야 할지 알아보기 위해 고장 유형 영향 분석을 하였다.

〈함께 찾은 주요 원인들〉

고장 유형 영향 분석(FMEA)										
업무(공정): 떡볶이 맛 팀원: 창대리, 창돌이, 궁금이								작성 일자: '01. 09. 20 수정 일자: '01. 10. 20		
잠재 고장 유형	잠재 고장 영향	심 각 성	잠재 고장 원인	발 생 성	현재 통제 방법	탐 지 성	위 험 도	위험 순위	조치 계획	담당/ 예정 일자
야채 신선도 떨어짐	단골 손님 확보 안 됨	5	냉장 보관 유지 불안정	7	전부 사용 후 구입	3	70	3	보관 방법 변경	창대리/ 10. 10
양념 배합 맞지 않아 달다	맛있는 옆집으로	9	고추장 달다	9	통제 안 함	4	324	1	맛 좋은 최적 조 건 도출	창대리/ 10. 15
			물엿 많이 사용	8	통제 안 함	3	216	2		
####	####	#	####	#	####	#	##	#	####	####
####	####	#	#### 내용 생략	#	####	#	##	#	####	####
####	####	#	####	#	####	#	##	#	####	####

많은 원인에 의해 나타날 수 있는 영향과 세부 원인을 순차적으로 파악한 결과 '양념 배합' 및 '야채 신선도'가 중요한 핵심 인자임을 알았다. 그리고 핵심 인자를 개선하기 위한 조

치 계획까지.

　그러나 한편으로는 개인의 경험과 감각으로 판단하는 것은 많은 오류를 범할 수 있을 것이라는 생각도 하게 되었다.

　　장대리 "그래, '고장 유형 영향 분석'으로 스페셜 떡볶이에 대한 핵심 인자를 찾기는 했지만, 확신할 수는 없어."

　　장대리 "여보게, FMEA로 찾아낸 핵심 인자를 도저히 신뢰할 수가 없으니 어떻게 해야 하지? 이제 와서 데이터를 수집할 수도 없고 말이야."

　　강BB "자네 집안 문제를 자네가 신뢰하지 못하겠다면 어떻게 하나? 어차피 데이터 없이 시작한 것이니 자네 가족의 생각과 경험을 믿게. 아니면 지금이라도 데이터를 수집해서 '가설 검정'으로 증명해 보든지."

가설 검정이란 무엇일까? TV 광고에 흔히 나오는 선전들을 한번 생각해 보자. "○○ 제약 회사에서 새로 개발한 진통제는 효과가 뛰어납니다.", "XX 공법으로 만든 우유는 기존의 우유보다 영양가가 높습니다." 등과 같은 선전이나 주장에 대해 관심을 가져 본 일이 있는가? 대부분의 사람들이 의문을 가져 봤지만 확인할 길도 없고 입증할 방법도 몰라 믿고 구입했을 것이다.

이와 같이 의문을 갖게 하는 어떠한 주장이나 새로운 사실을 통계적으로 입증하는 것을 '가설 검정'이라 한다.

그렇다면 '가설'은 무엇일까? 역사는 정설과 가설로 나눌 수 있다. 정설은 역사적으로 인정되어 온 주장을 말하고, 가설은 이를 뒤엎을 새로운 주장을 말한다. 통계에서도 마찬가지로 2개의 가설이 있다.

- 귀무 가설(H_0): 기존의 주장 → '차이 또는 관계가 없다'는 가설
- 대립 가설(H_1): 새로운 주장 → '차이 또는 관계가 있다'는 가설

따라서 가설 검정을 통해 통계적으로 판단한다는 것은 2개의 주장(가설) 중 어느 쪽 주장이 옳은지 손을 들어 주는 역할을 말한다. 그리고 그 옳고 그름을 판단하는 잣대가 'P값'이다.

가설 검정을 간단히 설명하면 '심증(주장)을 물증(P값)으로 드러내 보이는 것'이다.

신이 아닌 이상 판정에 대해 오류의 가능성이 존재하기 마련이다. 가설 검정
에서도 어느 정도의 오류는 인정하겠다는 허용 기준이 있다. 표본에 기초한
판정에는 오류의 가능성이 항상 존재하기 때문이다.
따라서 가설 검정에서는 오류의 가능성, 즉 허용 확률을 미리 정해 놓고 그
기준에 따라 가설의 채택이나 기각을 결정한다.
이렇듯 어느 정도 오류를 허용할 확률을 '유의 수준(α)' 이라 하는데, 통상
0.05(5%)를 적용한다.

● 판정의 오류

  • 1종 오류(α): 진실이 참인데 거짓으로 판단한 오류("무죄인데 유죄로 판
           단하여 구속")
  • 2종 오류(β): 진실이 거짓인데 참으로 판단한 오류("유죄인데, 무죄로
           판단하여 석방")

인간 존중의 차원에서 볼 때 죄 없는 사람을 죄인으로 구속하는 1종 오류(α)
를 더 심각한 잘못으로 본다. 따라서 1종 오류, 즉 참임에도 불구하고 거짓
이라고 결론을 내리고자 할 때 잘못 판단할 확률을 'P값' 이라고 한다.
그러므로 P값이 유의 수준(α)인 0.05보다 크면 '귀무 가설 승리' 라고 하고,
P값이 유의 수준(α)인 0.05보다 작으면 '대립 가설 승리' 라고 한다.
이처럼 가설 검정에서 'P값' 은 심증을 물증으로 바꾸는 결정적인 잣대로 작
용하므로, 검정 후에는 P값을 먼저 살펴야 한다.

P값을 알고 난 창대리는 가설 검정에 매력을 느끼기 시작했
다. '창돌이 수학 성적' 이 낮은 주요 원인이 '컴퓨터 게임 시
간' 이 아닐까 의심했던 것을 이번 기회에 가설 검정을 통해
물증으로 바꿔 보고 싶었다.
  데이터가 없어 고민하던 창대리는 창돌이의 담임 선생님을
찾아가 사정을 설명하고, 반 친구들의 수학 성적과 컴퓨터 게

임 시간에 관련된 데이터를 입수하였다.

　담임 선생님으로부터 건네받은 데이터는 어수선하게 섞여 있어 정리가 필요했다. 창대리는 컴퓨터 게임 시간을 크게 3그룹으로 나누고, 아이들의 수학 성적을 정리하였다.

〈데이터 정리〉

X (게임 시간)	Y(수학 성적)										
	1	2	3	4	5	6	7	8	9	10	11
A그룹(1시간 미만)	88	92	84	78	98	85	80	96	86	90	92
B그룹(1~2시간)	78	84	76	90	82	94	76	80	88	85	–
C그룹(2시간 초과)	84	74	80	60	76	92	78	68	87	–	–

● 가설 설정

　컴퓨터 게임 시간(A, B, C)에 따라 수학 성적에 차이가 있는가?

　　– 귀무 가설: A, B, C 그룹간 수학 성적에 차이가 없다.
　　– 대립 가설: A, B, C 그룹간 수학 성적에 차이가 있다.

　미니탭 활용에 익숙하지 않은 창대리는 정리한 내용을 가지고 강BB를 찾아가 지금까지의 경과를 얘기해 주었다. 끝까지 듣고 있던 강BB는 다음과 같은 말을 꺼냈다.

　　"자네가 고민하는 것은, 한마디로 말하자면 '컴퓨터 게임'이 핵심 인자 같은데 확실한 물증이 없다는 거지?"

"그래. 컴퓨터 게임 시간에 따라 수학 성적에 차이가 생기는지 증명해 보고 싶어."

"그렇다면 가설을 세워 검정하면 되겠군. 검정하려는 인자가 몇 개야?"

"컴퓨터 게임 시간 A, B, C 그룹 3개!"

"그럼 '아노바(ANOVA)' 분석을 사용하면 돼. 결과(Y)가 시간과 같은 계량형이며, 인자(X)가 2개 이상이니까."

조언

●데이터 유형에 따라 적용되는 통계 기법

결과 = Y(CTQ)

구분		계량형 데이터	계수형 데이터
원인(X)	계량형	산점도(Scatterplot)	
		상관 분석(Correlation)	
		회귀 분석(Regression)	
	계수형	상자 그림(Box Plot)	카이 제곱(Chi-square)
		다변량 차트(Multi-Vari Chart)	
		분산 검정(F-test)	
		평균 검정(T-test)	
		분산 분석(ANOVA)	

가설 검정은 아래와 같이 크게 4가지로 나눌 수 있다

- 인자간 평균의 차이를 검정하는 기법
  - T-test(평균 검정): 인자가 2개 이하인 경우
  - ANOVA(분산 분석): 인자가 2개 이상인 경우
- 인자에 대한 분산의 차이를 검정하는 기법
  - F-test(분산 검정)
- X, Y가 모두 계수형이고 어떤 사건이 동일한 발생 가능성을 가질 때, 인자간의 발생 비율 차이를 검정하는 기법
  - Chi-square test(카이 제곱 검정)
- X, Y가 모두 계량형일 때, 원인과 결과의 관계를 분석하는 기법
  - 상관 분석(Correlation)
  - 회귀 분석(Regression)

우리는 새로운 주장에 더 많은 관심을 갖는다. 따라서 가설 검정의 대상은 항상 대립 가설이 된다. 창대리도 마찬가지이다. 창돌이가 컴퓨터 게임 때문에 수학 성적이 나쁘다는 새로운 주장을 입증하려는 것이다.

그러므로 분석 단계의 가설 검정은 '차이 또는 관계가 있다'는 것을 증명하여 핵심 인자라고 말할 수 있도록 하는 것이다.

강BB가 데이터를 미니탭 워크시트에 입력하여 실행시키자 순식간에 결과가 나왔다.

One-way Analysis of Variance for 수학 성적

Source	DF	SS	MS	F	P
게임 시간	2	538.0	269.0	4.89	0.015
Error	27	1485.0	55.0		
Total	29	2023.0			

Level	N	평균	표준 편차
A그룹	11	88.091	6.268
B그룹	10	83.300	6.075
C그룹	9	77.667	9.747

Pooled StDev = 7.416

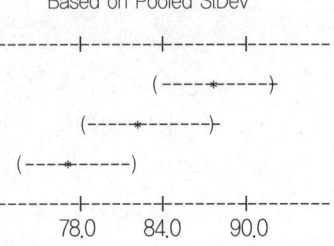

```
-------+-------+-------+--------
                    (----*-----)
            (----*------)
 (----*-----)
-------+-------+-------+--------
      78.0    84.0    90.0
```

 "자, 분석한 결과 중 무엇에 관심을 가져야 하지?"

 "그거야 가설 검정 판정 잣대인 'P값' 아닌가. P값이 0.05(α=유의 수준)보다 크면 귀무 가설 승리, P값이 0.05(α=유의 수준)보다 작으면 대립 가설 승리."

 "잘했네. 그럼 통계적 결론은?"

 "P값이 0.015이므로 대립 가설 승리."

 "그렇다면 현실적인 결론은?"

 "컴퓨터 게임 시간 그룹별로 수학 성적에 차이가 있어. A그룹은 88점, B그룹은 83점, C그룹은 78점이야. 따라서 컴퓨터 게임 시간이 많으면 많을수록 수학 성적이 낮다고 자신 있게 말해도 될 것 같네."

그 동안 '컴퓨터 게임 시간'이 창돌이의 수학 성적에 가장 나쁜 영향을 줄 것 같다고 막연하게만 생각했던 창대리는 이제야 확실한 물증을 잡게 되었다. 즉, "컴퓨터 게임 시간이 핵심 인자가 맞다."고 자신 있게 말할 수 있게 된 것이다.

조언

● 데이터가 없는 핵심 인자를 놓치지 마라

통계적인 접근을 한다고 해서 데이터가 있는 것만 골라 통계 분석을 해 놓고 핵심 인자라고 말하는 것은 문제가 있다. 왜냐하면 핵심 인자가 틀림없는 것을 잠재 인자 수준으로 평가 절하하여 놓치게 됨으로써 개선 목표를 달성하지 못할 수 있기 때문이다. 따라서 통계 분석 범주에 너무 얽매여서는 안 된다.

● 통계의 현란함에 유혹되어 억지로 만들지 마라

통계 기법을 이용한 결과는 화려해 보인다. 그래서 멋있게 보이기 위해 불필요한 시간과 노력을 낭비하여 억지로 통계 기법을 동원하는 경우가 있다. 통계 분석은 목적에 맞아야 빛을 발휘할 수 있음을 명심하자.

〈창대리가 찾은 핵심 인자〉

핵심 인자

CTQ(문제)	문제의 근본(핵심 인자)	
	쪼개기	좁히기
스페셜 떡볶이 맛	특성 요인도 야채 신선도, 양념 배합 등 다수	고장 유형 영향 분석 야채 신선도, 양념 배합 (고추장, 물엿)
창돌이의 수학 성적	프로세스 맵 컴퓨터 게임 시간(심증) 등 다수	가설 검증 컴퓨터 게임 시간(물증)

"그렇다면 핵심 인자를 어떻게 개선해야 하지?"

11. 핵심 인자 개선 방법

창대리는 분석 단계에서 스페셜 떡볶이 맛과 수학 시험 성적에 대한 핵심 인자를 찾게 되어 기분이 매우 좋아졌다.

CTQ	핵심 인자
스페셜 떡볶이 맛	야채 신선도, 양념 배합
수학 시험 성적	컴퓨터 게임 시간

 '이제 핵심 인자를 알았으니 해결은 시간 문제야. 다들 알아서 잘 하겠지?'

그런데 가족들의 모습을 보니 뭔가 잘 풀리지 않는 모양이다.

"여보게 삐삐, 다들 열심히는 하고 있는 것 같은데 뾰족한 방법이 없나 봐. 이럴 때 삐삐가 도와줘야 하는 거 아냐? 어때, 나랑 맥주나 한잔 할까?"

우리가 흔히 말하는
'다 같이 열심히 해보자'라는 말은
실제로는 별 도움이 안돼.
한마디로 영양가 없는 이야기지.

그게 무슨 뜻이야?

열심히 한다고 문제가 다 해결되지는 않는다. 그럼 머리가 좋은 사람만 해결할 수 있다는 말인가? 문제를 해결하기 위한 보다 체계적인 접근 방법은 없을까?

6시그마에서 문제를 해결한다는 것은 핵심 인자에 대한 개선을 말하는데, 여기에는 크게 두 가지 방법이 있다.

모든 경우의 수를 조합하여
직접 실험해 보는 방법도 있고,
브레인스토밍으로 여러 사람의
지혜를 모으는 방법도 있지.

혼자 머리로
해결하려고
애쓰지 말라 이거지?

그리고, 도출된 개선안이
효과가 있는지 검증하는 것을
잊으면 안돼!

......

개선안을 실제로 적용하여 효과가 있는지 데이터를 통해 검증이 되어야만 비로소 문제 해결이 완료되는 것이다.

개선 단계에서 해야 할 일은 크게 3가지인데, 이것은 6시그마를 12단계로 나누었을 때 8~10단계에 속한다.

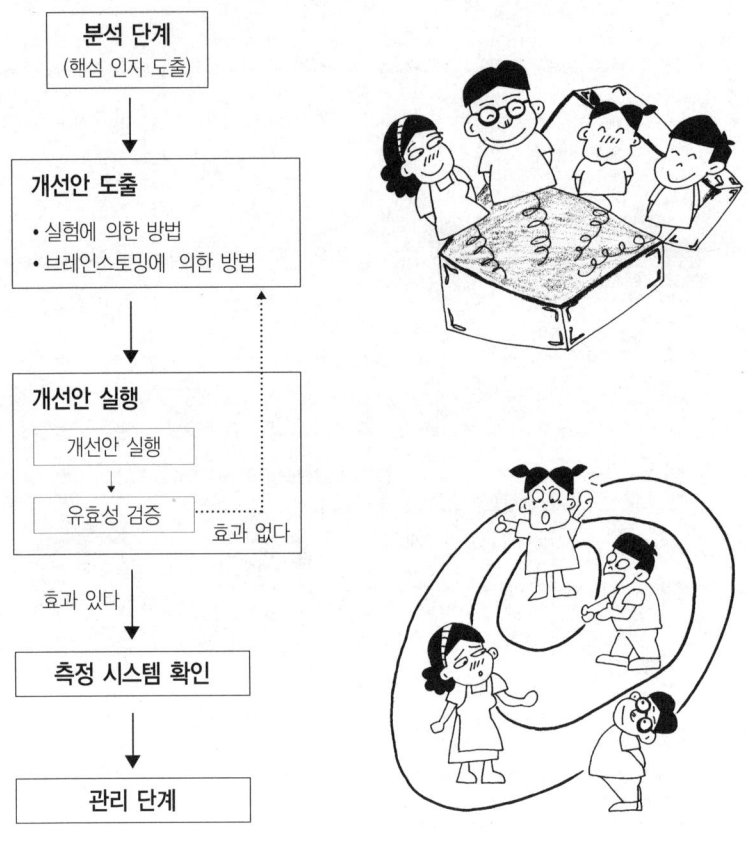

분석 단계
(핵심 인자 도출)

개선안 도출
• 실험에 의한 방법
• 브레인스토밍에 의한 방법

개선안 실행
개선안 실행
유효성 검증
효과 없다

효과 있다

측정 시스템 확인

관리 단계

"개선안을 도출할 때 실험에 의한 방법과 브레인스토밍에 의한 방법이 있다고 했지? 그렇다면 두 가지 중 어떤 방법이 더 좋을까?"

"몇 번을 이야기했는데 자네는 아직도 기법에만 너무 집착하는군. 좋은 개선안만 도출된다면 어떤 기법이건 무슨 상관이야? 하지만 자네가 너무 막막해하는 것 같으니 두 가지 개선 방법에 대해서 좀더 자세히 알아보기로 할까?"

개선안을 도출하는 두 가지 방법	
실험에 의한 방법	브레인스토밍에 의한 방법
• 문제의 근본 원인을 찾을 수 없으며, 많은 잠재 요인들이 특성치(Y)에 영향을 줄 때 • 요인들과 특성치(Y)간의 관계를 명확히 알고자 할 때 • 보다 진일보된 개선이 요구되는 경우	• 특성 요인도나 FMEA 등을 통해 핵심 요인에 대한 확실한 개선안을 수립할 수 있을 때 • 비용/시간 및 과제의 특성상 직접 실험이 어려운 경우 • 벤치마킹을 병행한 효율적인 개선안 도출이 가능할 때
• 장점: 실험적 논리에 근거하므로 개선이 실패할 가능성이 적다. • 단점: 시간과 비용 소요가 한정된 인자만 개선된다.	• 장점: 시간과 비용 절감 및 다양한 개선안을 도출할 수 있다. • 단점: 도출된 개선안이 최적안이 아닐 수도 있다.

조 언

실험에 의한 개선안 도출이 보다 효과적이므로 가능하면 실험을 실시하는 것이 좋다.

"개선에 왕도(王道)는 없다. 그러니 가장 적합한 방법을 선택하여 적용하라, 이거지? 가족과 함께 의논해

봐야겠군."

"스페셜 떡볶이 맛의 핵심 인자 중 하나인 '야채 신
선도'는 어쩌면 해결 방법을 찾을 수 있을 것 같아요.
항상 신선한 야채를 제공하는 보쌈 가게가 바로 옆에
있으니까 그곳에 가서 어떻게 하는지 방법을 배우는
거죠, 뭐."

"또 다른 핵심 인자인 '양념 배합'은 어떻게 해결하
지? 이건 아주 민감한 기술적인 문제란 말야. 문제의
근본 원인을 모를 때는 실험에 의한 방법을 사용하는
것이 좋다는데, 과연 실험이 가능할까?"

"양념 배합 중에서도 고추장과 물의 양이 문제니까
두 가지를 여러 조건으로 조합하여 떡볶이를 만든 뒤,
어떤 것이 가장 맛있는지 손님의 반응을 직접 알아본
다면 못할 것도 없죠."

스페셜 떡볶이의 핵심 인자에 대한 개선안 도출 방법		
핵심 인자	야채 신선도	양념 배합
개선안 도출 방법	브레인스토밍+벤치마킹	실험에 의한 방법

실험을 통해 개선을 하려면 먼저 실험 계획법을 알아야 한다. 실험 계획법(DOE : Design Of Experiment)이란 결과에 영향을 미치는 핵심 인자에 대해 적용 가능한 수준(작업 조건)을 정하고, 각 수준별로 실험을 통해 최적의 조건을 찾는 방법이다.

이는 최소의 실험으로 시행 착오를 줄임과 동시에 최대의 정보를 얻기 위함이다. 즉, 실험 횟수가 많아지면 비용이 많이 들 뿐만 아니라 단기간에 실험을 완료할 수 없으므로 실험 계획법을 사용하여 실험 횟수를 줄이자는 것이다.

실험 계획법에서 말하는 '수준'이란 실험하고자 하는 핵심 인자의 (작업)조건을 말한다. 예를 들어, STS304의 경우 가열 온도가 불량률에 영향을 미치는 핵심 인자이며 가열 온도가 1,180~1,220°C라고 할 때, 1,180°C는 '- 수준'이고 1,220°C는 '+수준'이라고 한다. 실험 계획법에서는 수준을 '2수준(-, +)'으로 한다.

주 의

▶ **수준 설정시 유의 사항**

• 실험의 수준은 작업 실적을 감안하여 좋은 조건으로 정한다.
• 수준에 따라 특성치(Y)가 충분히 변하도록 수준의 차이를 크게 한다.
• 현실적으로 적용 가능한 범위 내의 수준을 정한다.

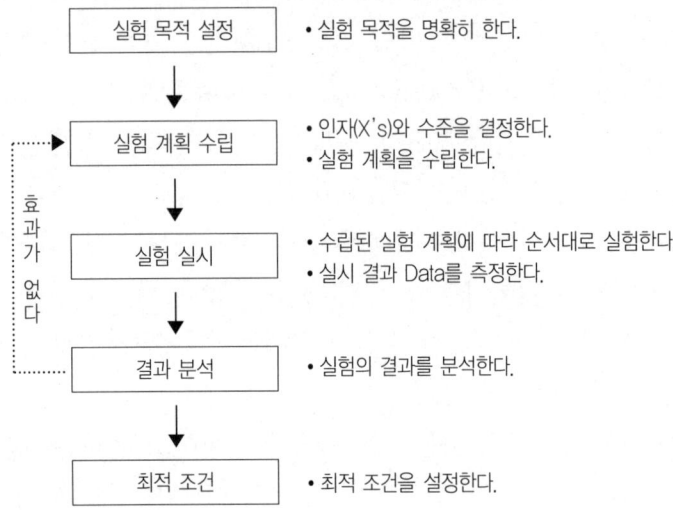

〈실험에 의한 개선안 도출 절차〉

실험 목적 설정 ― • 실험 목적을 명확히 한다.

실험 계획 수립 ― • 인자(X's)와 수준을 결정한다.
― • 실험 계획을 수립한다.

실험 실시 ― • 수립된 실험 계획에 따라 순서대로 실험한다.
― • 실시 결과 Data를 측정한다.

결과 분석 ― • 실험의 결과를 분석한다.

최적 조건 ― • 최적 조건을 설정한다.

효과가 없다

● 실험 계획 짜기

실험은 각 핵심 인자의 수준별로 조합이 가능한 모든 경우를 전부 실시하여야 하므로 실험할 계획을 짜야 하는데, '실험 계획을 짠다'는 것은 '실험 조건을 배치한다'는 의미이다.

실험 계획을 짜는 것 즉, 실험 조건을 배치하는 방법에는 2가지가 있다.

● 실험 배치법

① 완전 배치법: 각 인자, 수준별로 조합이 가능한 모든 경우를 전부 실험하는 것이다.

② 부분 배치법: 완전 배치법의 일부만 선택하여 실험하는

방법이다. 예를 들면, 완전 배치의 1/2, 1/4, 1/16 등이다.

실험할 인자가 많으면 실험 횟수가 너무 많아지므로 시간과 비용 측면을 고려하여 완전 배치법을 적용하기 어려울 때에만 부분 배치법을 적용한다.

창대리의 경우 양념 배합의 최적 조건을 도출하기 위해 실험을 실시하기로 했으므로, 실험 계획을 한번 짜 보기로 하자.

"실험 계획을 짜기 위해서는 먼저 인자와 수준을 결정해야 한다고 했지?"

"인자는 '고추장'과 '물의 양'으로 이미 정해져 있는데, 수준은 어떻게 정하죠?"

"고추장은 매운맛과 단맛의 차이가 있는 A사와 B사 제품으로 구분하면 될 것 같고…. 당신, 떡볶이 만들 때 물의 양은 얼마로 하지?"

"4인분 기준으로 보통 3~5컵 정도 넣어요."

"그러면 인자별로 2개의 수준을 결정해야 하니까 물의 양은 3컵과 5컵의 경우로 수준을 정하면 되겠군."

핵심 인자	수준		실험 계획 짜기
고추장	A사 제품	B사 제품	**?**
물의 양	3컵	5컵	

핵심 인자의 수준을 정했다면 각 인자의 수준별로 조합을 함으로써 실험 계획서가 만들어진다.

〈인자의 수준별 조합〉

		고추장	
		A사	B사
물의 양	5컵	1 5컵, A사	2 5컵, B사
	3컵	3 3컵, A사	4 3컵, B사

정리

〈실험 계획서〉

No	물의 양	고추장	떡볶이 맛(Y)
1	5컵	A사	
2	5컵	B사	
3	3컵	A사	
4	3컵	B사	

108

이제 실험 계획서에 의거, 실험을 실시하고 결과를 측정하면 된다.

A사와 B사의 고추장을
물 3컵과 5컵의 경우로
각각 잘 배합해서….

어떤 것이
가장 맛있을까?

강BB "그런데 실험 계획법을 적용할 때, 'Y' 가 계수형인 경우에는 데이터를 계량화하면 실험의 효과를 좀더 명확하게 파악할 수 있다네."

창대리 "그러면 '맛있다'를 100점, '보통'을 70점, '맛없다'를 40점으로 배점해서 곱한 다음 평균값을 구하면 되겠군."

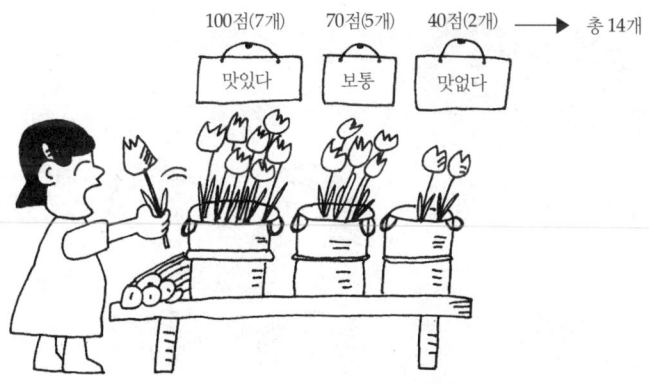

100점(7개)   70점(5개)   40점(2개) ⟶ 총 14개

맛있다   보통   맛없다

앞의 경우 떡볶이 맛(Y)은 81점이 된다.

→ $[(100 \times 7) + (70 \times 5) + (40 \times 2)] \div 14$

● 최적 조건 설정하기

드디어 창대리는 실험 결과 데이터를 확보하게 되었다.

〈실험 계획서 데이터〉

No	물의 양	고추장	떡볶이 맛(Y)
1	5컵	A사	49
2	5컵	B사	65
3	3컵	A사	71
4	3컵	B사	81

정리

〈인자의 수준별 결과〉

		고추장	
		A사	B사
물의 양	5컵	1 49	2 65
	3컵	3 71	4 81

가장 높은 점수를 기록한 것이 B사의 고추장에 물을 3컵 사용한 경우이므로, 최적 조건은 B사의 고추장과 물의 양 3컵이다.

고추장은 B사 제품, 물은 3컵으로….

양념 맛이 끝내 준다!

어머, 지난번보다 맛있네!

한편, 창대리 아내는 또 하나의 핵심 인자인 '야채 신선도'를 개선하기 위해 옆집의 보쌈가게를 벤치마킹하여 아이디어를 수집하고, 자신의 가게에 적용이 가능하도록 다음과 같이 정리하였다.

첫째, 야채(시금치, 양배추, 파…)는 종류별로 비닐팩에 넣는다.
둘째, 비닐팩에 구입 일자를 기록한 스티커를 붙이고, 선입 선출로 사용하여 신선도를 유지한다.
셋째, 하루 사용량 대비 야채의 재고가 2일을 초과하지 않도록 적정량을 구입한다.
넷째, 야채는 새벽 청과물 시장에서 구입한다.

13. 실험이 어려울 때

"역시 실험이 최고의 개선 방법인 것 같아요. 내친 김에 창돌이 녀석의 수학 성적 문제도 실험 방법으로 개선하면 안 될까요?"

"물론 실험이 좋은 방법이긴 하지만 모든 것을 실험으로 해결할 수는 없어. 수학 시험을 아무 때나 치는 것도 아니고, 개선 효과가 즉시 나타나지도 않으니까. 실험을 제대로 하려면 1년도 모자랄 걸? 이럴 땐 브레인스토밍에 의한 방법이 좋아. 이럴 줄 알고 미리 공부를 좀 했거든. 에헴! 이번엔 강BB 대신 내가 설명해 줄까?"

브레인스토밍(Brainstorming)이란 '머릿속에서 폭풍이 치듯 많은 아이디어를 도출한다'는 뜻으로, 토론을 통해 아이디어를 도출하는 방법을 말한다. 짧은 시간에 많은 아이디어를 도출하기 위한 이 방법에는 다음과 같은 4가지 원칙이 있다.

● 브레인스토밍의 4원칙
  • 자유분방: 기상천외한 아이디어
  • 결합 편승: 남의 의견에 보태기
  • 질보다는 양: 무조건 많이 도출
  • 비판 금지: 판단은 나중에

폭탄

고정 관념

● 브레인스토밍에 의한 개선안 도출 절차

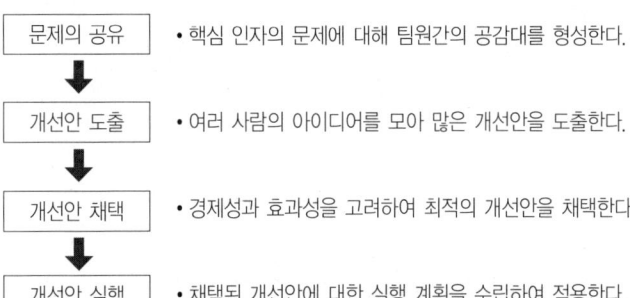

문제의 공유	• 핵심 인자의 문제에 대해 팀원간의 공감대를 형성한다.
개선안 도출	• 여러 사람의 아이디어를 모아 많은 개선안을 도출한다.
개선안 채택	• 경제성과 효과성을 고려하여 최적의 개선안을 채택한다.
개선안 실행	• 채택된 개선안에 대한 실행 계획을 수립하여 적용한다.

"자네, 정말 공부는 좀 한 것 같군. 하지만 브레인스토밍이 꼭 쉽지만은 않아. 실험에 의한 방법과 달라서, 명쾌한 결론을 도출하기가 그리 만만치 않을걸? 제대로 성과를 거두려면 무엇보다 팀원들의 적극적인 참여가 필요해. 특성 요인도나 FMEA를 활용하면 효과적이지. 브레인스토밍의 원칙도 잘 지켜야 하고."

창대리는 가족 회의를 소집해서 브레인스토밍을 실시했다.

"자, 이제부터 어떻게 하면 창돌이의 컴퓨터 게임 시간을 줄일 수 있을지 자유롭게 말해 보자."

그런데 이게 웬일인가. 평소 재잘거리기를 좋아하던 아이들, 전화기만 잡으면 시간 가는 줄 모르고 수다를 떨던 아내가 서로 얼굴만 바라볼 뿐 아무 말도 없는 게 아닌가? 눈치를 살펴보니….

 '이 말을 하게 되면 아빠가 꾸중을 하실지도 몰라….'

'잘못 말했다가 오빠한테 혼나는 거 아냐?'

'거듭 생각해 본 후에 엄마답게 정말 현명한 방법을 말해야 할 텐데….'

이런 분위기를 바꾸기 위해 창대리는 아내에게 간식거리를 준비하게 한 다음 아래의 세 가지 원칙을 발표했다.

① 오늘 가족 회의에서 거론되는 의견은 절대 비판하지 않는다.
② 사소한 것이라도 생각나는 대로 많은 의견을 말한다.
③ 잘 생각나지 않으면 다른 사람의 의견에 자신의 의견을 덧붙여도 좋다.

● 개선안 채택하기
우여곡절 끝에 가족들의 참여를 이끌어 낸 창대리는 개선안을 효과적으로 도출하기 위해 특성 요인도를 사용하였는데, 그 결과 많은 아이디어를 얻게 되었다.

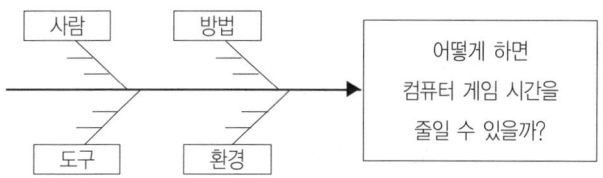

"우와, 생각지도 못했던 아이디어가 정말 많네! 그런데, 이 많은 것을 우리가 다 해낼 수 있을까?"

"아이디어는 가능하면 많이 도출하는 것이 좋지만, 모두 다 실행할 수는 없어. 그중에서 좋은 것만 채택하여 집중적으로 실행에 옮기는 거야. 한마디로, 넓힌 다음에 좁히는 방법이지."

조언

▶개선안 채택 방법
- 개선안 1차 선별
  스티커를 붙이는 투표를 통하여 10개 이하로 선별한다. 이것을 'Dot Voting'이라고 말한다.
- 개선안 채택
  1차 선별된 개선안에 대해 효과, 성과, 실행 가능성 등을 고려하여 최적의 개선안을 채택한다.

창대리 가족은 많은 개선안 중에서 투표를 통해 1차로 7개의 개선안을 선별하였다.

● 1차로 선별된 개선안

① 컴퓨터를 없앤다.

② 컴퓨터 게임의 위해성을 교육한다.

③ 학습지를 하루 5장씩 풀게 한다.

④ 감시 카메라를 설치한다.

⑤ 다른 취미를 갖게 한다.

⑥ 게임 시간을 줄이지 않으면 용돈을 삭감한다.

⑦ 게임 시간을 줄이면 새 CD를 사 준다.

장대리 '리더의 독단적인 판단으로 끌고 갈 것이 아니라, 팀원들의 의견을 수렴하는 것이 정말 중요하겠군.'

장돌이 "Dot Voting이라는 거 정말 재미있네! 아빠, 이제 2차 투표를 해야 하나요?"

장대리 "2차 투표라는 건 없단다. 1차로 개선안이 선별되어 대상 숫자가 줄었으니 이제는 보다 합리적인 방법으로 개선안을 채택해야 되지 않겠니?"

● 효과성 및 실현 가능성 등을 고려한 개선안 채택

1차로 선별된 각각의 개선안에 대해 구체적인 효과성 및 실행 가능성, 실행 기간, 실행 비용 등을 고려한 가중치를 부여한 후 점수를 계산한다. 점수가 높을수록 좋은 개선안이다.

개선안	검토 항목	효과성	실행 가능성	실행 기간	실행 비용	합계	채택 여부
가중치		0.30	0.35	0.20	0.15	1.00	
1	컴퓨터를 없앤다	80	40	80	30	58.5	
2	컴퓨터 게임의 위해성을 교육한다	20	70	70	80	56.5	
3	학습지를 하루 5장씩 풀게 한다	80	90	70	60	78.5	②
4	감시 카메라를 설치한다	70	30	20	10	37.0	
5	다른 취미를 갖게 한다	40	50	30	60	44.5	
6	게임 시간을 줄이지 않으면 용돈을 삭감한다	70	80	70	80	75.0	③
7	게임 시간을 줄이면 새 CD를 사 준다	90	100	70	30	80.5	①

효과성과 실현 가능성의 측면을 고려할 때 어떤 개선안을 채택해야 할까?

창대리가 창돌이의 수학 시험 성적 문제에 대한 핵심 인자 (Vital Few)인 '컴퓨터 게임 시간'을 줄이기 위해 채택한 개선 안은 다음과 같다.

● 어떻게 하면 컴퓨터 게임 시간을 줄일 수 있을까?

① 컴퓨터 게임 시간을 줄이면 새 CD를 사 준다.

    - 컴퓨터 게임 시간을 하루 1시간 이하로 줄이면 3개월 후 새 CD를 사 주기로 약속한다.

② 학습지를 하루 5장씩 풀게 한다.

    - 학습지 분량을 할당하여 컴퓨터 게임을 할 여유를 주지 않음으로써 수학 능력의 향상을 기대한다.

③ 컴퓨터 게임 시간을 줄이지 않으면 용돈을 삭감한다.

    - 창돌이에게는 불만이겠지만, 당근과 채찍을 병행할 필요가 있다는 아내의 의견을 반영한다.

● 개선안 실행하기

    "아무리 좋은 개선안이라도 실행되지 않으면 무슨 소용이 있겠나? 과거에도 자네 가족은 이 문제를 해결하기 위해 개선안들을 수립했지만 제대로 실행하지 않앉기 때문에 그만 묻혀 버리고 말았었지. 개선안이 확정되었으면 구체적인 일정 계획 및 실행 담당자를 선정하고, 실행에 장애가 되는 요인이 있으면 이를 제거해야 해."

창대리는 가족과 함께 의논하여 다음과 같은 실행 계획을 수립하였다.

CTQ	핵심 인자	개선안	장애 요인 제거 및 실행 방안	실행 일정	담당자
스페셜 떡볶이 맛	야채 신선도	별도 비닐팩	비닐팩 준비	금주 이내 완료	아내
		선입 선출 사용	구입 일자 기록		
		적정량 구매	1일 소요량 산출		
		새벽 청과물 시장	자명종 설치		
	양념 배합	B사 고추장 사용	A사 고추장 반품	내일부터	아내
		물 3컵(4인 기준)	컵 크기 통일		
창돌이의 수학 시험 성적	컴퓨터 게임 시간	게임 시간 줄이면 새 CD를 사 준다	구입 자금 마련	3개월 내	창대리
		학습지 5장 풀기	매일 실적 기록	내일부터	창돌이
		게임 시간 안 줄이면 용돈을 삭감한다	게임 시간에 따른 삭감 계획 수립	금월 이내	창대리

● 측정 시스템 확인하기

 "측정 시스템 확인은 측정 단계에서 이미 실시했는데 또 해야 하는 거야?"

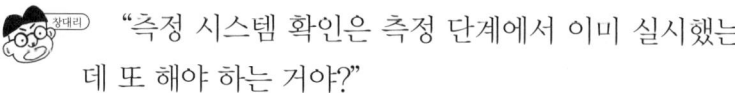 "측정 단계에서 실시한 것은 CTQ인 'Y'에 대한 측

정 시스템을 확인한 것이었고, 개선 단계에서는 도출된 최적안인 'X'에 대한 측정 시스템을 확인하는 거야. 데이터의 신뢰성 확보가 무엇보다도 중요하기 때문에 확인하고 또 확인하자는 거지. 측정 시스템을 확인하는 방법은 측정 단계와 같으니 별도로 설명할 필요는 없겠지?"

14. 개선 효과 검증

● 개선 효과 파악하기

문제의 분석과 개선안 도출이 올바르게 되었다면 개선 효과가 나타나는 것은 당연하다. 하지만 핵심 인자를 잘못 선정하였거나 개선안의 도출 및 실행 과정에서 미흡한 부분이 있었다면 효과가 적을 수도 있으므로 이를 확인하여야 한다.

● 개선 효과 검증

- 개선 효과의 검증은 가설 검정을 통해서 실시한다(분석 도구: 평균 검정, 분산 검정, 카이 제곱 등).
- 가설 검정이 어려울 때는 단순히 그래프를 통해 개선 전과 개선 후를 비교하는 방법을 사용할 수도 있다.
- 만일 납득할 만한 효과가 없다면 다른 개선안을 수립하여야 하며, 사안에 따라서는 분석 단계에서부터 다시 시행할 필요도 있다.

 "모든 것을 처음부터 제대로 해야 되겠군?"

"물론이지! 하지만 과제의 특성에 따라서는 개선 효과가 늦게 나타나는 경우도 있으므로 언제쯤 효과를 측정할지 미리 결정해야 돼."

창대리가 떡볶이 맛의 설문 조사 및 창돌이 수학 시험 성적을 파악해 본 결과, 둘 다 뚜렷한 개선 효과가 있었다.

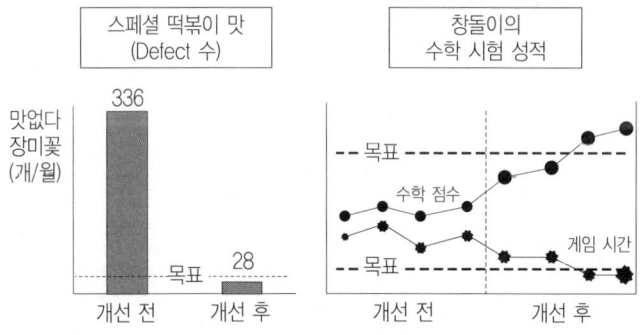

15. 마지막 단계의 중요성

요즘 들어 창대리의 퇴근길이 늘 즐겁다. 아내가 운영하는 분식점은 손님이 많아졌고, 아들 녀석 창돌이도 공부에 재미를 붙인 듯 열심이기 때문이다. 몇 달 전만 해도 상상조차 할 수 없었던 상황이 눈앞에서 벌어지고 있는 것이 신기하기만 하다.

"6시그마의 위력이 이렇게 큰 줄 몰랐네! 멋모르고 우리 가정의 문제를 풀어 보자고 덤빈 것이 엊그제 같은데…."

창대리의 머릿속에는 지금까지 겪어 온 일들이 한 장면, 한 장면 스쳐 지나갔다.

창대리는 갑자기 강BB가 보고 싶어졌다.

 "내일은 꼭 술 한잔 해야지! 우리 가게 떡볶이 맛도
자랑할 겸."

다음날, 창대리와 강BB는 한 달 남짓 만에 자리를 같이했
다.

 "제수씨, 요즘 손님이 많아졌다면서요?"

 "예, 다 삐삐님 덕분이에요. 고맙습니다!"

아내는 연신 콧노래를 부르면서 두 사람만을 위한 특별 떡
볶이를 만들어 내었다. 그리고 시원한 맥주도 함께.

강BB "창대리, 자네 부부가 찾아낸 새로운 방법을 적용한 지 얼마나 됐지?"

창대리 "벌써 한 달이 넘었어. 자네 덕분에 매상도 많이 오르고, 손님들도 떡볶이가 맛있다고 야단이야! 그리고 집사람도 이제는 떡볶이에 대해 자신감을 갖게 되었고. 이대로만 간다면 앞으로 다른 동네에 체인점을 내도 될 정도야!"

강BB "아니, 벌써 그 정도로 발전했어? 이제 겨우 한 달이 지났는데 자네, 너무 성급한 거 아니야?"

강BB는 못 믿겠다는 표정이었다.

강BB "혹시나 했더니만 역시나야. 이 친구, 아직 6시그마를 제대로 이해하지 못했어. 사람들은 항상 마지막에 약하단 말이야…."

창대리 "내가 보기엔 이제 별 문제가 없을 것 같은데. 떡볶이 맛도 좋아졌고, 손님들도 만족해하잖아. 뭐가 문제지?"

창대리는 의아해했다. 자신과 아내가 찾아낸 새로운 방법을 적용한 후 손님을 상대로 열심히 모니터링하고 결산한 결과를 가지고 말한 건데, 강BB는 못 믿겠다는 투로 말하는 것이다!

장대리 "자네, 내 말을 못 믿겠다는 표정인데, 잘못된 게 뭐야?"

강BB "잘못된 것은 없어. 단지 내 경험으로 미루어 볼 때, 마지막 단계를 소홀히 하고 있다는 생각이 들었기 때문이야."

장대리 "뭐가?"

강BB "한 가지만 보면 알 수 있지. 전에 고객 만족도 조사한다고 만들어 놓았던 꽃꽂이 바구니는 어디로 치웠나?"

장대리 "요즘 '맛없다' 바구니에 꽃을 꽂는 손님이 없길래 치워 버렸는데 그게 문제가 되는 거야?"

장대리 아내 "창돌이 아빠, 그러기에 내가 좀더 지켜보자고 했었잖아요! 내 말을 안 듣더니만…. 삐삐님, 오늘 이 사람 혼 좀 내 주세요."

집사람의 장난기 섞인 목소리가 들려 왔다.

"알았어요, 제수씨! 오늘 제대로 한번 지도해 볼게요."

강BB는 먼저 6시그마의 마지막 단계에 대하여 간략하게 말해 주었다.

관리(Control) 단계는 핵심 인자를 포함한 변동 요인에 대한 개선안을 전면 실행한 이후 개선안이 유지 및 관리될 수 있도록 관리 시스템을 구축, 적용하는 단계이다.

| 개선 효과를 파악한다 | (11과정) |

– 관리 단계의 시작 여부를 결정해 준다. 만약 개선 효과가 만족할 만한 수준이 아니면 다시 돌아가라!
– 잣대를 똑같이 하라!
– 일상적이고 장기적인 관점에서 파악하라!

| 관리 시스템을 실행한다 | (12과정) |

– 어떻게 하면 개선된 상태로 유지할 수 있는지를 고민하라!
– 문제를 예방하는 방법과 문제를 관리하는 방법이 있다.

결론적으로, 개선 효과가 원위치되지 않도록 하는 것이다. 그러나 결코 쉬운 일은 아니다.

"이상하네. 밥 먹고 하는 일이 관리인데. 품질 관리, 생산 관리, 안전 관리…. 뭐가 어렵다는 거지? … 가만!"

창대리는 어제 본 TV 드라마 '왕건'의 한 장면을 떠올렸다.

『견훤은 대야성을 얻기 위해 3차에 걸친 접전을 치렀다. 수많은 군사와 시간을 소비하면서. 그런데 아들 신검은 방심한 나머지 장졸들에게 술과 고기를 주고 쉬게 함으로써 견훤이 공들여 빼앗은 성을 하룻밤 만에 내주고 말았다. 그놈의 술 때문에….』

"그래, 지키는 것이 더 어렵다는 말이 맞아! 야구도 9회 말에 역전되는 경우가 많고, 축구도 마지막 5분을 못 지켜 비기거나 지지 않던가! 걱정되네…."

창대리는 자신이 잘못하고 있다는 생각이 들자 갑자기 다리를 떨기 시작했다.

"이런, 자네 또 다리를 떠는군! 너무 걱정 말게. 원칙을 알고 따르면 자네가 걱정하는 일이 그렇게 어려운 것만도 아니야. 지금부터 그 원칙에 대하여 자세하게 말해 주겠네. 그러니 처음에도 그랬듯이 마지막에도 6시그마를 믿어 보게!"

17. 똑같은 잣대로

강BB는 먼저 개선 효과를 파악하는 방법에 대하여 말했다.

● 잣대를 똑같이 하라!

"고객 만족도를 체크하기 위해 비치해 두었던 꽃바구니를 치운 걸 보니 자네는 나름대로 개선 효과 파악이 끝난 것으로 생각하는 모양이군. 나는 좀 걱정스럽구만…."

"뭐가 걱정된다는 거야?"

"그것은 저절로 알게 될 테니 지금은 말하지 않겠네. 자네, 개선 후의 떡볶이 만족도를 어떻게 측정했지?"

"나를 물로 보는가? 성과 기준을 똑같이 해야 된다는 것쯤은 알고 있다네. 측정 단계에서 사용했던 방법과 똑같이 했어. 됐나?"

 "자네는 확실히 6시그마 체질이야. 개선 효과 파악 시 중요하게 고려해야 할 사항 중에서 한 가지를 제대 로 실천했으니 말이야. 그러나 꽃바구니를 치운 것은 잘못된 조치였어. 설명하지 않아도 알지?"

"알고 있으니 계속하게…."

베이브 루스

베리 본즈

전설의 홈런왕 베이브 루스가 아직도 홈 런왕으로 자리매김하고 있는 이유는 무엇 일까? 예나 지금이나 나무 방망이를 사용하 고 있기 때문이다. 만 약 중간쯤에서 알루미 늄 방망이로 바꾸었다 면 베이브 루스의 기록만 사라지는 것이 아니라 110년 프로 야구 역사도 반 토막 났을 것이다.

 "사람들은 잣대를 같게 해야 하는 줄은 알지만, 잊 어버리거나 외면하는 경우가 종종 있다네. 왜냐하면 자신의 성과를 더 크게 보여 주고 싶어서(과시형), 과 제 목표를 억지로 달성시키기 위해서(억지형). 그래서

과제를 평가할 때 Defect 기준을 중요하게 평가한다네. 그것이 경계 대상 1호거든!"

● 일상적이고 장기적인 관점

흔히들 실험 계획에 의한 결과나 단기간의 연속적인 작업 결과를 가지고 CTQ가 개선되었다고 말하곤 한다. 그러나 그것은 진정한 개선의 모습이 아니다. 왜냐하면 극도로 통제된 상태에서 얻어진 데이터이므로 항상 좋게 나오기 때문이다. 따라서 개선 효과를 파악할 때는 모든 변동이 다 포함될 수 있는 일상적이고 장기적인 관점에서 행해야 한다. 이것이 경계 대상 2호이다.

"측정이나 분석 단계도 아닌데 무슨 놈의 변동이야! 그냥 효과가 있다, 없다만 알면 안 되나?"

창대리는 갑자기 머리가 복잡해지기 시작했다.

"강BB, 쉽게 가자고. 분석도 다 끝났는데 변동은 알아서 뭐하나?"

"어허, 이 사람 큰일날 사람이구먼! 관리 단계에서 가장 중요한 통계 개념을 회피하려 하다니. 관리에서 변동을 모른다는 건 앙꼬 없는 찐빵을 먹는 것과 마찬가지야."

강BB가 단호하게 말했다.

 "앙꼬 없는 찐빵?"

"그래. 그러니 쓸데없는 요령 피우지 말고 끝까지 들어 봐. 옛날로 돌아가기 싫다면."

18. 변동

"자네를 위해 변동에 대해 좀더 자세히 설명할 테니 잘 들어 보고 관리가 눈에 보이는지 말해 주게."

변동은 우연 원인에 의한 변동과 이상 원인에 의한 변동으로 나누어진다. 우선 '우연 원인에 의한 변동'은 까닭을 쉽게 찾을 수 없는 변동으로서, Control하기가 어렵다. '이상 원인에 의한 변동'은 까닭이 있는 변동으로서, 쉽게 원인을 찾아 제거할 수 있는 변동을 말한다.

강BB는 창대리에게 변동의 개념을 확실히 심어 주기 위하여 분식점 앞에서 팔고 있는 '못난이 붕어빵'을 예로 들어 주었다.

"손님이 항상 노릿노릿 잘 구운 붕어빵을 원한다면 붕어빵 파는 아저씨는 어떻게 하면 노릿노릿하게 잘 구울 수 있을지 고민하고 관심을 집중시키게 될 거야. 그런데 불행하게도 노릿노릿 잘 굽는다는 것은 반대로 보면 항상 노릿노릿하게 구울 수만은 없다는 말과도 통한다네. 무슨 말인고 하니, 만약 조금 더 구우면 붕어빵은 타게 될 것이고, 조금 덜 구우면 밀가루가 충분히 익지 않게 될 거라는 얘기지. 다시 말하면, 붕어빵은 항상 노릿노릿한 상태를 중심으로, 타거나 덜 익는 사이를 왔다갔다한다는 거야. 바로 그 차이가 6시그마에서 말하는 '변동'이라네."

변동
보이네　　　안 보이네

 "우연 원인에 의한 변동은 뭐지?"

"한 판에서 4마리의 붕어빵이 생산된다고 볼 때, 4마리의 붕어빵은 거의 똑같은 조건에서 구워질 거야. 즉, 똑같은 불의 세기, 똑같은 반죽, 그리고 표준화된 작업 방법 등. 그런데 4마리를 서로 비교해 보았을 때, 항상 똑같이 노릿노릿할 수 있을까? 눈으로 쉽게 구별할 수는 없지만 각각 다를 거야. 이와 같이 한 판에서 나온 4마리 간의 차이를 '우연 원인에 의한 변동'이라고 한다네(군내 변동)."

 "그렇다면 이상 원인에 의한 변동은 뭐지?"

"아저씨가 열심히 빵을 굽고 있는데 궁금이가 말을 걸게 되지.

'아저씨, 붕어는 눈이 몇 개예요?'
'두 개란다.'
'아저씨, 붕어는 물에서 살아요, 불에서 살아요?'
'불…아니, 물에서 살지.'

한번 질문을 하게 되면 꼬리를 물고 놓지 않는 궁금이의 주특기가 발휘되면 아저씨는 헷갈리게 될 거야. 그래서 다섯 번 뒤집고 꺼내야 할 것을 깜빡하여 여섯 번 뒤집고 꺼낸다면 붕어빵은 어떻게 될까? 아마 앞 판에서 나온 4마리에 비해 훨씬 더 노릿노릿한 붕어빵이 생산될 거야.

6시그마와 함께하는 창대리 가족의 행복 찾기 133

이와 같이 서로 다른 조건에서, 또는 확실한 원인에 의해 나온 결과는 분명한 차이를 드러내는데, 이것을 '이상 원인에 의한 변동'이라고 한다네(군간 변동). 이상 원인은 보나마나 자네 딸 궁금이가 될 테고."

창대리는 강BB의 친절한 설명에 의해 변동의 개념을 이해할 수 있게 되었다. 그리고 이상 원인에 의한 변동뿐만 아니라 우연 원인에 의한 변동까지 관리해야만 6시그마 수준에까지 도달할 수 있겠다는 생각이 들었다.

"그런데 변동의 종류는 왜 구분해야 하지? 6시그마는 구분하는 게 너무 많아!"

창대리는 강BB에게 변동을 구분하는 이유에 대하여 물어보았다.

"좋은 질문이야. 그렇지 않아도 그 이유를 설명하려던 참이었어. 잘 들어 봐."

● 변동을 구분하는 이유
  • 관리 대상의 우선순위를 정하기 위해
    – 먼저 이상 원인을 관리하라. 그 다음이 우연 원인의 순이다.
  • 적절한 조치를 취하기 위해

– 변동의 종류를 알면 조치 방법이 눈에 보인다. 즉각적인 조치인가, 근원적인 조치인가?

강BB "붕어빵 아저씨가 아무리 뛰어난 기술자라고 해도 항상 똑같은 붕어빵을 만들어 낼 수는 없네. 밀가루 반죽을 할 때 소금을 넣는다는 게 설탕을 넣을 수도 있고, 궁금이처럼 예상치 못한 변수를 만나게 되어 표준을 지키지 못하는 실수를 범할 수도 있겠지. 만약 이러한 실수를 반복한다면 어떻게 되겠는가? 아마 맛없는 붕어빵이라고 소문이 날 것이고, 그 결과는 뻔하겠지. 그래서 아저씨는 더 이상 실수를 하지 않기 위해 적절한 대책을 만들어 낼 수 있네. 다시 정리하면, 이상 원인에 의한 변동은 아저씨가 그 자리에서 즉각적으로 취할 수 있는 조치가 될 것이고, 우연 원인에 의한 변동은 붕어빵 틀을 새로 짠다든지, 열원을 가스 불에서 연탄불로 바꾼다든지 하는 기술적인 조치가 된다는 거야. 노릿노릿한 붕어빵을 위해서 말이지."

6시그마에서는 이상 원인에 의한 변동을 우선 관리 대상으로 한다. 왜냐하면 이것만 제대로 관리해도 최소한의 관리 상태를 유지할 수 있기 때문이다. 그러나 이상 원인에 의한 변동을 구분하는 것도 그리 쉬운 일은 아니다.

19. 이상 조짐

지금까지 6시그마 12과정 중에서 11과정(개선 효과 파악)에 대하여 설명했다. 그렇다면 이제 남은 것은 12과정(관리 시스템 실행)이다.

맥주 두 병을 비울 정도의 시간이 지났다. 창대리는 원래 독한 것을 좋아하다 보니 소주보다 맥주에 더 약하다. 그런 탓인지 벌써 취기가 돌기 시작했다. 항상 그랬지만.

그때, 창돌이와 궁금이가 가게 문을 열고 들어섰다.

창대리   '아니, 저 녀석이 지금 이 시각에 왜 왔지? 분명히
        공부할 시각인데….'
        "창돌이 너, 공부 안 하고 웬일이냐?"

궁금이   "아빠! 오빠가 오늘 컴퓨터 게임 1시간 넘게 했다고
        말하지 말랬어. 그리고 학습지 하지 않은 것도."

창돌이   "궁금이 너, 죽어!"

와당탕탕, 후다닥…. 궁금이는 도망가고, 창돌이는 쫓아가고. "손님 계신데, 조용히 못 해!" 아내는 고함치고. 한마디로 야단법석이다. 오늘 따라 왜 이러지? 창대리는 이상한 조짐을 느꼈다.

 "자네 아들, 관리 상태 탈출이야! 변동을 만만하게 볼 때 알아봤어. 쯧쯧…."

 "벌써 탈출했다고?"

 "그래."

 "그럴 리가 없어. 얼마 전 수학 시험에서 95점을 받아 왔길래 드레곤 볼 CD도 하나 사 줬는데."

 "95점 한 번 받아 온 게 뭐가 중요한가? 자네한테 미안한 말이지만, 커닝을 할 수도 있잖아?"

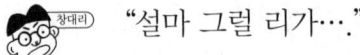 "설마 그럴 리가…."

창대리는 애써 태연한 척했지만 내심으로는 불안감을 감출
수 없었다.

"자, 이제부터는 자네의 불안감을 치료해 줄 처방
전을 알려주겠네. 바로 '관리 시스템' 이야."

관리 시스템이란 개선 효과를 지속적으로 유지하기 위해 적
용하는 관리 기법의 종합적인 체계를 말한다. 6시그마에서는
크게 두 가지로 분류한다.

- 문제를 예방하는 체계: 실수 방지, 위험 관리 활동이 여기
에 속한다.
- 문제를 관리하는 체계: Control Plan(관리 계획), 통계적
공정 관리 등이 속한다.

'교통 관리 시스템' 이라는 것이 있다. 수많은 차량과 사람
이 안전하게 왕래하기 위한 것이다. 신호등, 횡단 보도, 중앙
선, 심지어는 교통 순경까지. 이중에 하나라도 없다면 쉴새없
이 사이렌 소리가 울릴 것이다.

20. X 컨트롤

　강BB는 반쯤 남은 맥주를 쭈욱 들이켜고는 젓가락 두 개로 'X' 자를 그려 보였다.

　"6시그마 관리는 X를 Contorl함으로써 Y를 유지하는 거라네. 무슨 말인고 하면, Y 즉 '창돌이의 성적과 떡볶이 맛'에 대해서만 모니터링하지 말고, Y에 영향을 미치는 '핵심 인자를 포함한 X'에 관심을 가지라는 거야. 이것만 알아도 사실 6시그마 관리 중 절반은 성공했다고 할 수 있어. 그만큼 중요한 개념이야. 다시 말하면, 창돌이의 컴퓨터 게임 시간과 떡볶이 양념 배합을 잘 관리하면 자네 가족의 CTQ는 저절로 유지된다는 것이지. 이것을 6시그마에서는 'Y=f(X)'라는 함수 관계로 말한다네."

　'창돌이의 성적(결과)만 보고 안심할 게 아니네! 강BB의 말뜻을 이제야 알겠군.'

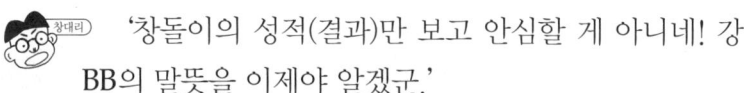

주의

모니터링과 Control을 착각하지 말자.
　• 제품 관리=Y, 모니터링
　• 6시그마 관리=X, Control

안정

● 관리 대상이 정해지면 가장 확실한 방법부터 강구하라

"실수 방지(Mistake Proofing)에 대해서도 말해 두
어야겠군. 100번을 시도하더라도 100번 모두 성공하도
록 만드는 장치! 즉, Zero defect를 지향하는 실수 방지
를 반드시 염두에 두라는 거야. 그래서 6시그마 관리
에서의 첫 질문으로 '실수 방지를 할 수 있는가?' 라고
물어 보는 거라네. 자네 가족의 지혜와 창의력을 발휘
하여 실수 방지 장치를 찾아 보게."

사람의 몸에는 신이 만들어 놓은 다양한 실수 방지 장치가
있다.

- 눈꺼풀: 물체가 날아오면 눈동자를 보호하기 위해 반사적
  으로 감긴다(Shut down 방식).
- 콧구멍: 빗물이 코로 들어가지 않게 아래로 향해 있다
  (Control 방식).

- 신　경: 몸에 이상이 있을 때 통증을 느끼도록 하여 조치
　　　　하도록 해준다(Warning 방식).

그리고 우리 생활 주변에서도 무수히 많이 찾아볼 수 있다.

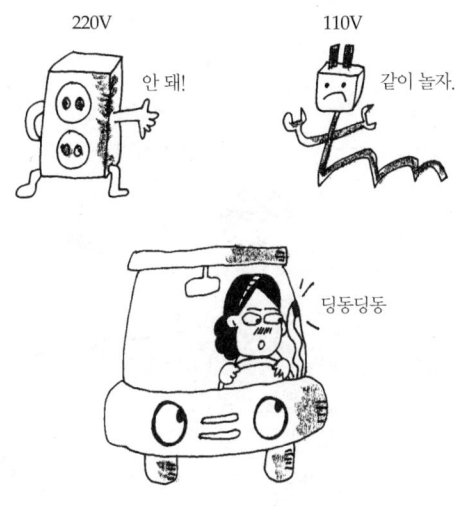

Error와 Defect의 관계를 잘 파악할 때 제대로 된 장치를 고안할 수 있다. 그러나 실수 방지가 좋다고 하여 어떤 상황에서건 무조건 갖다 붙일 수는 없다.

● 실수 방지 고안시 착안 사항
  • 사용자의 의견을 존중하라
    – 장치를 사용하는 사람이 귀찮아하거나 불편해하는 장치는 곧 제거한다.
  • 단순한 반복 작업 및 행위를 제거하라

- 인간의 실수를 유발할 소지가 많고, 잘못하면 엄청난 결과를 가져 올 수도 있다.
- 창의적인 활동, 부가 가치 활동에 역점을 두어라
  - 가치 없는 일에 특별한 장치를 만들어 붙일 필요는 없다. 비용, 시간, 인력 낭비 등을 생각하라.
- 아주 작은 결함도 용인하지 마라
  - 100% 무결점이 되어야 '실수 방지'이다.

실수 방지 장치를 찾아라!

'요즘 컴퓨터 소프트웨어 중에 시간을 설정해 두면 자동으로 Shut down되는 것이 있다던데….'

실수 방지보다는 못하지만 문제를 예방하는 기법으로 '위험 관리(Risk Management)'도 많이 활용하고 있다.

위험 관리란 위험 요소를 체계적으로 파악한 후 위험 감소 계획을 세우고 위험의 정도를 점점 줄여 나감으로써 결함 발생을 예방하는 기법이다. 한마디로 말하면, '위험 등급을 하향 관리하는 활동'이다.

위험 관리는 우리가 알게 모르게 많이 활용하고 있다. 간단하게는 "애야, 학교 갈 때 차 조심해라"에서부터 시작하여 회사에서는 '안전 위험성 평가', '환경 영향 평가'에까지 그 사례를 많이 찾아볼 수 있다.

분석 단계에서 많이 활용하는 'FMEA'도 위험 관리 기법의 일종임을 알아 두자.

Risk Management   Mistake Proofing

문제를 예방하는 방법에 먼저 관심을 집중하라. 그러면 관리할 대상이 줄어들고, 관리도 훨씬 쉬워진다. 그러나 불행하게도 100% 예방은 어렵다.

● 원칙을 알면 쉬워진다

"문제 예방이 완벽하게 안 될 경우에 취할 수 있는 행동은 무엇일까? 결국은 문제를 추적 관리하는 수밖에 없겠지."

콜레라 환자가 발생했다. 사전 예방이 100% 가능하다면 두려울 게 없겠지만 그렇지 못한 것이 현실이고, 환자는 급속도로 확산될 것이다. 이런 경우를 대비하여 보건복지부에서는 여러 가지 콜레라 확산 방지 계획을 수립해 두고 실행하고 있다. 그중 하나가 콜레라 확산 우려가 있는 사람을 추적하여 격리 치료하는 것이다.

이와 마찬가지로 6시그마에서도 'Control Plan'이라는 것을 세워 통제 가능한 인자들을 추적 관리하도록 하고 있다.

그러나 무턱대고 계획을 세우면 중요한 변수를 놓치게 될 수도 있고, 관리자도 힘들게 된다. 그래서 '5가지 원칙'을 꼭 포함시키도록 하고 있다.

① 관리 대상을 정하라!(Y가 아닌 X)
② 관리 방법을 정하라!(구체적으로)
③ 담당자를 지정하라!('우리'가 아닌 '궁금이')
④ 측정(확인) 주기를 정하라!(경향 파악을 위해)
⑤ 관리 이탈시의 조치를 강구하라!(그래도 안 될 때를 대비하여)

위의 5가지 원칙만 지킬 수 있다면 관리는 무척이나 쉬워진다. 그래서 Control Plan을 '관리의 교차로'라고 하여 6시그마 관리의 중심에 둔다.

● 가능하면 데이터를 활용하라

 "앞에서 말한 Control Plan과 함께 '문제 관리' 기법으로 가장 많이 사용하는 것이 SPC(통계적 공정 관리)라네. '통계'라는 말을 들으면 제일 먼저 생각나는 게 뭐지?"

"데이터가 생각나는군."

"그래, 맞아. SPC는 데이터가 없으면 불가능하지. 그리고 Control Plan의 관리 대상 중에서 데이터가 있는 핵심 인자를 주요 대상으로 한다네."

● 통계적 공정 관리
  • **S**tatistical: 통계적 자료와 분석 기법의 도움을 받아서,
  • **P**rocess: 공정의 품질 변동을 주는 원인과 상태를 파악하고,
  • **C**ontrol: 공정이 항상 안정된 상태(관리 상태)로 유지되도록 끊임없이 P-D-C-A 사이클을 돌려 가며 관리하는 것이다.

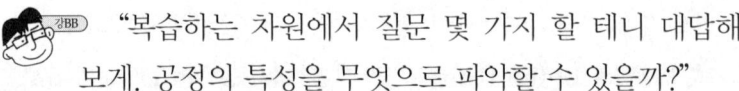 "복습하는 차원에서 질문 몇 가지 할 테니 대답해 보게. 공정의 특성을 무엇으로 파악할 수 있을까?"

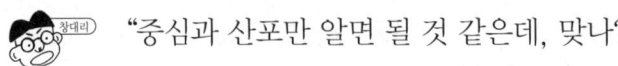 "중심과 산포만 알면 될 것 같은데, 맞나?"

"공정의 변동 두 가지 종류는 뭐지? 앞에서 말했는데."

"우연 원인에 의한 변동과 이상 원인에 의한 변동 이야."

"잘했네. 그렇다면 마지막으로, 적절한 조치가 어떤 건지 변동의 종류를 연결하여 말해 보겠나?"

"강BB, 그 정도는 나도 알고 있네. 우연 변동은 원인을 찾기 힘드니까 엔지니어와 경영층의 도움을 받아 근본적인 조치를 취해야 하고, 이상 변동은 원인을 쉽게 찾을 수 있으니까 현장에서 즉각적인 조치를 취하면 되지 않겠나?"

"자네는 벌써 SPC의 절반 이상을 이해한 것 같구만! SPC를 '6시그마의 축소판'이라고 한다네. 그리고 그중에서 관리도를 'SPC의 꽃'이라고 하고. 자네, 관리도를 아는가?"

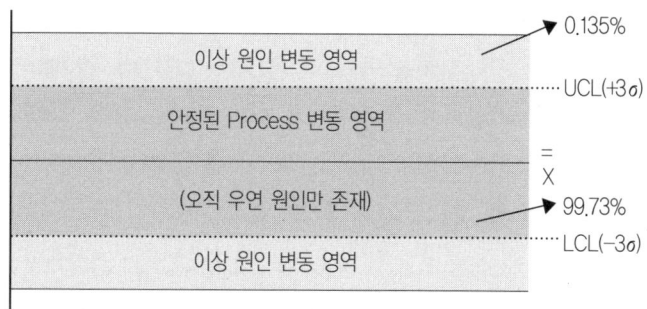

'관리도'는 일정 단위(시간 단위, 혹은 제품 단위)로 데이터를 측정하여 관리하고자 하는 통계 수치를 그래프에 표시하고, 공정의 산포가 우연 변동에 의한 것인지 아니면 이상 변동에 의한 것인지를 판단한 후 적절한 조치를 취하는 것이다.

관리 한계선으로 우연 변동과 이상 변동 영역이 구분된다. 관리 한계선은 '관리 상한선(UCL)'과 '관리 하한선(LCL)'으로 되어 있으며, 전통적으로 ±3σ를 사용한다. 이때, 안정된 변동 영역의 면적은 99.73%가 된다(정규 분포의 확률 면적에서 나옴).

관리 한계선은 규격(USL, LSL)과 다르며, 고객 만족을 위해 좁히도록 노력해야 한다.

±3σ 관리 범위란 공정이 안정되어 있다고 볼 때, 어떤 측정값 100번 중 99.73번이 안정된 프로세스 변동 영역 안에 놓일 수 있는 범위이다. 반대로 말하면 관리 상태를 벗어날 확률이 0.27%로, 아주 적다는 뜻이 된다. 여기에 '공정의 안정성 확보'가 중요하다는 의미가 담겨 있다.

공정의 안정성 확보란 이상 변동 요인을 제거하거나

Control함으로써 항상 우연 원인에 의한 변동 영역(관리 범위) 안에서만 측정값이 놓이도록 하는 것이다. 이 때문에 6시그마 수준으로 가기 위해서는 공정을 먼저 안정화시켜야 한다.

 "창대리, 감이 팍팍 오는가?"

"관리도의 구조와 개념에 대해서는 과거에 QC 교육을 받은 적이 있어 알겠는데, 관리도를 왜 그려야 하는지는 잘 이해되지 않네."

"당연하지. 실제로 관리도를 그려 보지 않으면 감을 잡을 수 없다네. 그리고 관리도를 그려 놓았다 하더라도 익숙하지 않은 사람은 뭐가 뭔지 알기가 어렵고."

"창돌이의 수학 성적과 관련하여 관리도를 그려 볼 수 있을까?"

"물론이지. 창돌이의 성적에 영향을 가장 많이 미치는 컴퓨터 게임 시간은 관리도를 통해 Control할 수 있다네. 내가 한 수 가르쳐 줄 테니 꼭 적용해 보게."

- Step1: 궁금이를 이용하여 우선 데이터를 수집하라.
  – Check sheet를 이용
- Step2: 수집된 데이터를 보고 관리도를 선정하라.

－ 관리도 선정 흐름도 활용

－ 매일 1회밖에 측정되지 않으므로 I－MR 관리
도를 그리면 될 것이다.

• Step3: 관리도가 그려지면 관리 상태를 벗어났거나 특이
한 경향이 없었는지 확인하라.

• Step4: 만약 있다면 원인을 찾아 적절한 조치를 취하라.

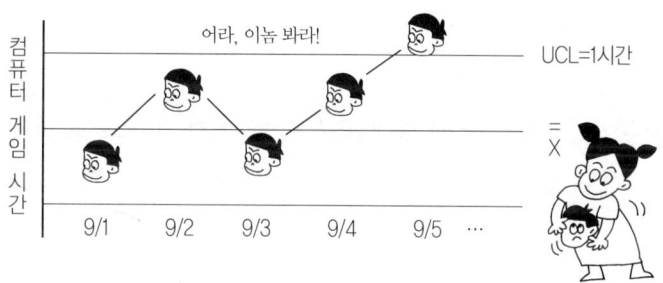

"관리도를 그리는 것은 고민하지 말게. 왜냐하면
미니탭이 다 그려 주고, 심지어는 해석까지 해주니까
(해석용 관리도). 그러나 더 유용한 방법이 있다네. 다
름이 아니라, 자네가 관리도 양식을 만들어 벽에 걸어
두고 궁금이로 하여금 타점을 찍게 하는 방법이지(관
리용 관리도). 그 이후로 창돌이는 어떻게 되겠는가?
한번 상상해 보게."

'야, 창돌이는 완전히 '꼼짝 마라' 다! 제놈도 타점이
찍히는 걸 볼 테니, 스스로 Control할 수밖에 없겠네.'

"잠시 쉬어 가는 의미로 앞에서 말한 '관리의 기본 원칙'이 어떻게 적용되는지 복습 한번 할까? 방금 내가 설명한 관리도에서의 관리 대상이 뭐지?"

 "창돌이의 '컴퓨터 게임 시간'이야."

 "그렇다면 관리 담당자는 누구야?"

 "궁금이가 측정하고 점을 찍으니까 '궁금이'지."

 "측정(확인) 주기는?"

 "매일 측정하니까 '하루'가 되겠네."

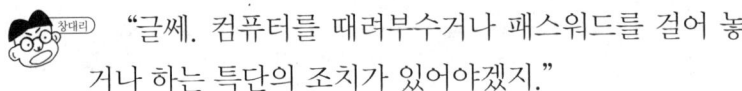 "만약 창돌이가 그래도 관리 상태를 벗어난다면 어쩔 거야?"

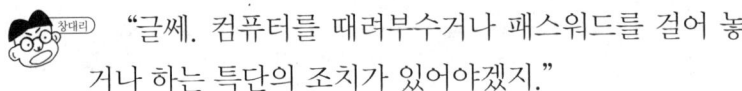 "글쎄. 컴퓨터를 때려부수거나 패스워드를 걸어 놓거나 하는 특단의 조치가 있어야겠지."

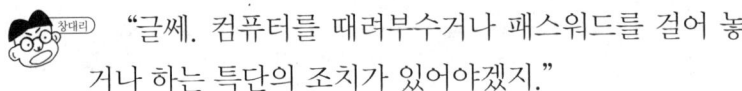 "Good! 자네가 내 질문에 척척 대답하는 걸 보니 통계적 공정 관리를 터득한 것 같군. 마지막으로, 관리도 선정시 착안 사항에 대해 말해 줄 테니 관리도를 활용할 때 참고로 하게."

● 관리도 선정시 착안 사항

　• 관리도를 작성할 데이터가 계량형인가, 계수형인가?

　　– 데이터의 종류에 따라 관리도가 달라진다.

　• 군을 구분할 수 있는가? 그렇다면 군의 크기는 얼마인가?

　　– 붕어빵 틀이 1개씩만 구워지도록 되어 있다면 군의 크

조언

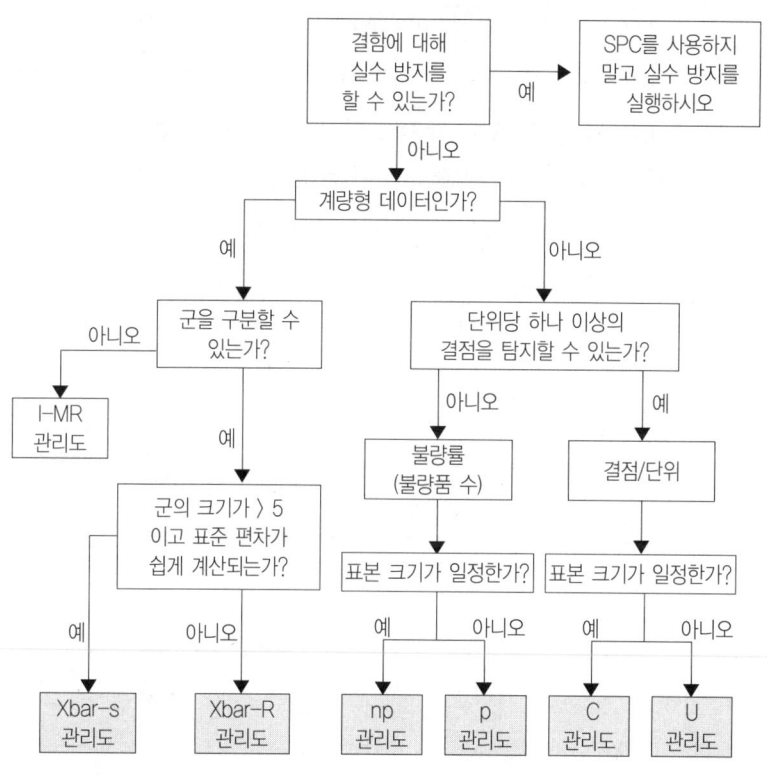

관리도 선정 흐름도

기는 1이고, 군을 구분할 수 없다. 그러나 한 판에 4마리씩 구워 낸다면 군을 구분할 수 있고, 이때의 군의 크기는 4가 된다.

- 공정 상태를 무엇으로 관리할 것인가?
  - 평균, 범위, 개별값, 불량률 등에 따라 결정된다.

● 통제 가능한 모든 인자를 포함하라

"'지렁이도 밟으면 꿈틀한다'는 속담을 알고 있겠지? 아무리 하찮은 미물이라도 섣불리 여기지 말라는 의미가 담겨 있을 거야. 마찬가지로, 6시그마에서도 이런 생각이 매우 중요하다네. 그래서 관리 계획을 세울 때는 통제 가능한 모든 인자들이 다 포함되도록 꼼꼼히, 미세하게 살피도록 하고 있다네. 혹은 별도의 **Check Sheet**를 활용하거나."

〈Control Plan〉

관리 대상	관리 방법	측정 주기	Reaction Plan	담당자
양념 혼합비	양념 종류별 규격 컵 사용	요리시	규격 재설정	나
야채 신선도	빛깔 및 보관 기간 확인	구입시 요리시	구입처 변경	나
친절도	인사말	손님 출입시	인사 방법 재교육	남편
…	…	…	…	…

모든 길은 로마로!
모든 방법은 표준으로!

"이제 내가 할 말은 다 했네."

강BB는 남은 맥주를 시원하게 들이켰다. 그리고 덧붙여 말했다.

 "앞으로 남은 일은 자네 몫이야. 자네가 관리 시스템을 어떻게 구축하고 실행하느냐에 달렸지. 문제를 가장 잘 알고 있는 자네가 핵심을 틀어쥐고 있으니, 건투를 비네."

21. 관리란 끝없는 여정

 "그래, 지금까지 공들여 쌓아 온 우리 가정의 행복을 물거품으로 만들 수는 없지. 잘못하면 도로아미타불이야."

창대리는 강BB를 통해 관리의 중요성을 깨닫게 되었고, 지금부터가 '새로운 시작'임을 알게 되었다. 그리고 지나온 몇 개월을 다시 한번 떠올려 보았다.

　아내의 분식점 개업을 시작으로 가정에 적신호가 켜지면서 무엇이 문제인지 찾아내었다. 아내가 만드는 떡볶이 맛이 손님 입맛에 맞지 않았고, 엄마가 장사를 하는 통에 창돌이의 학교 성적, 특히 수학 성적이 곤두박질하는 것이 문제였다(M).

　그래서 두 가지 CTQ에 대한 핵심 인자를 찾아내었고(A), 고민 끝에 최적의 개선안도 찾아내었다(I). 그 결과, 떡볶이 맛은 좋아져 적금 통장의 실적은 날로 늘어났고, 창돌이 녀석의 수학 성적도 올라갔다. 덤으로 아내는 남편에게 관심을 보이기 시작했고, 아이들도 마냥 즐거워했다. 여기까지는 Happy End다!

창대리 '한 편의 영화를 보는 것 같구나. 그런데 자꾸만 허전한 이유는 뭘까? 아, 바로 이것 때문이구나!'

보통의 영화는 여운을 남기는 'Happy End'로 끝을 맺는다. 그러나 6시그마는 다르다. '관리'가 있기 때문이다. 그래서 'Happy End'가 아니라 'Happy Ending'이 되어야 한다.

창대리 "그래, 6시그마야말로 우리 가족을 지켜 주는 수호 천사야!"

60 Activity

PART 3

구슬을 꿰는 기술

이른 새벽, 안개 낀 산길을 올라 본 적이 있는가?
몇 미터 앞도 분간하기 어려운 상황에서 열심히 앞만 보고 오르다 보면
지나온 길이 어떠했는지
앞으로 가야 할 길에는 어떤 장애물이 있는지
도무지 알 수가 없다.
그렇게 산 정상에 올라 내려다보면
길은 보이지 않고
산허리를 둘러싼 안개만 보이게 되는데….

이제 '창대리 가족의 행복 찾기'를 마무리하면서 6시그마의 두 가지 힘에 대하여 알아보기로 하자.

● **사람의 힘과 과정의 힘**

사람의 힘에 대해서는 장황한 설명이 필요 없다. 한마디로 말해서 '변화에 대한 동일한 생각과 행동으로 각자의 역할을 충실히 수행하는 것'을 말한다.

창대리의 이야기에서 예를 들자면, 창대리(챔피언 겸 GB)는 과제의 주인 겸 개선의 리더로서 행복을 되찾겠다는 의지를 보였고, 아내와 아들, 딸(WB)은 문제를 공감하고 적극적인 참여와 아이디어를 제공했다. 그리고 강BB는 개선 전문가로서 문제를 풀어 가는 방법을 성실히 지도하고 조언을 아끼지 않는 중요한 역할을 담당하였다. 이것이 바로 6시그마의 기본인 '사람의 힘'인 것이다. 만약 이들 중 한 명이라도 자신의 역할을 다하지 않았다면 어떻게 되었을까?

다음은 과정의 힘이다. 이는 6시그마가 실제로 위력을 발휘하도록 해주는 힘이다. 사람이 제아무리 의욕을 가지고 열심히 한다고 해도 올바른 도구와 절차가 없다면 성공하기 힘들 것이다. 그래서 6시그마에서는 사람의 힘에 '잘 짜여진 과정의 힘'을 보태어 주고 있다. 정해진 과정을 따라가면 목표를 쉽게 달성할 수 있도록 해주는 것이다.

그러나 막상 6시그마 속으로 들어가 보면 '잘 짜여진 과정'

이라는 것이 선뜻 잡히지를 않는다. 마치 안개가 자욱한 산길
을 헤매는 것처럼.

2. 잘 짜여진 과정

잘 짜여진 과정에 대하여 좀더 구체적으로 알아보기로 하
자. 잘 짜여진 과정이란 측정(M) - 분석(A) - 개선(Ⅰ) - 관리
(C)의 4단계와, 이를 좀더 잘게 쪼갠 12과정의 추진 절차를 말
한다.

● M - A - Ⅰ - C의 4단계

M

• CTQ를 파악한다(현실 문제 측정)

단순히 문제가 있다고 말만 하는 것이 아니라 객
관적, 수치적으로 문제를 기술해야 CTQ가 명확
해지고 목표가 또렷이 보인다.

A

• 핵심 인자를 찾아 간다(통계적으로 분석)

그러기 위해서는 모든 잠재 인자를 다 찾아내는
것이 무엇보다 중요하다. 그런 다음 적절한 도구
를 활용하여 핵심 인자로 좁혀 가면 된다. 무 뿌
리가 아닌 산삼 뿌리를 찾아서.

I

- **최적의 개선안을 찾아낸다**(통계적으로 해결)

만약 분석 단계에 열중했다면 개선 단계는 의외로 쉽다. 그러나 호락호락하지는 않다. 왜냐하면 현실적인 장해에 부딪치기 쉽고, 목표 수준에 못 미칠 수도 있기 때문이다. 아이디어를 짜내라!

C

- **개선 효과를 유지한다**(실질적인 개선)

가장 힘들고 지겨운 과정이다. 다이어트를 하는 것도 어렵지만, 줄어든 체중을 그대로 유지하는 것이 더 어렵기 때문이다. 이 때문에 관리 시스템을 실행한다. 옛날로 돌아가지 않기 위해.

● M – A – I – C 추진 기본 원리

각 단계마다 쪼개고 좁혀라. 네 번을 반복하면 답이 보인다.

- 문제를 잘게 쪼개고 구체화하여 **CTQ**를 정하라(M).
- 잠재 인자를 쪼개어 밝히고, 핵심 인자로 좁혀라(A).
- 많은 아이디어를 도출하고, 최적안(조건)으로 좁혀라(I).
- 통제 가능한 모든 잠재 인자를 관리 선상에 올려 놓고, 우선 관리 대상으로 좁혀라(C).

창대리의 이야기를 가지고 M – A – I – C 단계를 다시 한번 정리해 보자. 창대리는 가족의 문제가 무엇인지 알기 위해 구체화 작업을 실시하였다.

XY 매트릭스를 통해 문제를 쪼개고 보니 아내가 운영하는 분식점의 '스페셜 떡볶이 맛'과 창돌이의 '수학 성적'이 가장 큰 문제였다. 바로 이것이 CTQ로서 측정 단계에서 가장 중요하게 다루어야 할 결과물이다.

분석 단계에서 창대리는 CTQ에 영향을 미치는 잠재 인자를 모두 찾아내었다. 그러나 어떤 것이 가장 영향이 큰지 구분하기 힘들어 다들 어렵다고 말하는 FMEA와 가설 검정을 활용하여 가장 모난 놈을 골라내었다. 이것이 바로 핵심 인자, 즉 'Vital Few'이다.

떡볶이는 '양념 배합과 야채 신선도', 창돌이의 수학 성적은 '컴퓨터 게임 시간'이었다. 이를 개선하면 창대리 가족의 CTQ는 해결되는 것이다.

그래서 가족들의 브레인스토밍으로 개선 아이디어를 모두 끄집어내었으며, 양념 배합은 실험 계획을 통해 최적안을 찾아내어 실행했다. 그 결과는 만족할 만한 수준!

그래서 관리 계획에 모든 관리 대상을 올려 놓았고, 컴퓨터 게임 시간은 관리도를 통해 집중 관리하였다. 결과는 Happy Ending!

3. 구슬을 꿰는 기술 12과정

이제는 M－A－I－C의 4단계를 좀더 구체화시킨 12과정에 대하여 하나씩 알아보기로 하자.

이는 12개의 구슬을 잘 꿰어 가치 있는 목걸이로 만드는 기술과 같으며, 실제로 6시그마의 힘이 발휘되는 과정이다. 그리고 각 과정마다 우리가 어려워하는 여러 가지 도구들이 등장하게 된다.

● 12과정
① CTQ 선정
　－ 주요 Tool: XY 매트릭스, 파레토 그림
가장 골칫거리 문제, 비용이 많이 낭비되는 문제, 고객이 불만족하는 문제 중에서 개선 대상을 정의하는 것이다.
CTQ는 반드시 측정되어야 하고, 수치적으로 표현할 수 있어야 한다. 수치적으로 측정되지 않으면 문제를 정확하게 알 수 없기 때문이다.

> 창대리는 떡볶이 맛을 CTQ로 선정하였으나 측정이 곤란하였다. 자칫하면 CTQ를 버릴 수밖에 없는 상황에 처했다. 그러나 측정되지 않는 것은 세상에 없는 법. 고심 끝에 장미꽃을 이용해 맛을 평가할 방법을 강구하게 되었고, '떡볶이 맛'은 CTQ로서의 조건을 만족할 수 있게 되었다. 창돌이의 '수학 성적'은 측정 이상 무!

② 성과 기준 정의
　－ 주요 Tool: 벤치마킹, 품질 규격, 브레인스토밍
CTQ는 기준을 명확하게 가져야 한다. 그래서 계량형 CTQ는 Spec.을 정해야 하고, 계수형은 Defect(결함), Unit(단위), Opportunity(기회수)를 정의하여야 한다. 그래야만 공정 능력

을 구할 수 있고, 개선 목표를 세울 수 있다. 그리고 한번 정한 기준은 항상 똑같게 하라!

　　창대리는 손님이 '맛없다'고 평가한 꽃을 'Defect'로, 바구니에 꽂힌 장미꽃의 수를 '단위'로, 기회수는 '맛'만 평가하므로 '1'로 정했다.
　　창돌이의 수학 성적은 계량형 CTQ이므로 난이도를 감안하여 85점을 Spec.으로 정했다.

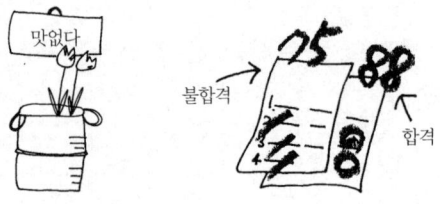

　　이쯤에서 데이터 수집이 진행되어야 한다. 목적은 네 번째 과정에서 현재의 공정 능력을 구함과 동시에 분석 단계에서 핵심 인자를 선정할 때 활용하기 위함이다.
　　데이터에 대한 중요성은 더 이상 말할 필요가 없다. 따라서 사전에 수집 방법도 충분히 검토하고, 적절한 **Check Sheet**를 활용하여야 한다.
　　이때, 반드시 **BB**를 불러라! 그래야 시간과 노력을 절약할 수 있다.

No	Y	X1	X2	X3	X4	X5	...
1							
2							
3							

③ 측정 시스템 확인

　– 주요 Tool: 게이지 R&R(계량, 계수)

　수집된 데이터에는 공정 자체의 고유한 변동만 포함되어야 이상적이지만, 측정기와 측정자에 의한 변동이 포함될 수밖에 없다. 그러므로 Y의 '총 변동'을 분해하여 '측정 변동'이 차지하는 비율이 어느 정도인지를 파악하는 것이 급선무이다.

$$Y \text{ 변동} = Process \text{ 변동} + \text{측정 변동}$$

　만약 측정기와 측정자에 문제가 있다면 수집된 데이터로 공정 능력을 구해서는 안 된다. 보다 정확한 공정 상태를 파악하지 못하면 개선의 방향을 잡을 수 없기 때문이다. 따라서 측정기를 수리, 교체하거나 측정자의 능력을 향상시키는 활동을 먼저 행해야 한다.

　창대리의 경우 측정 시스템 확인을 생략하였다. 왜냐하면 떡볶이 맛은 설문 조사에 의한 데이터로 측정 시스템 확인이 곤란한 경우이고, 창돌이의 수학 성적은 선생님이 객관적으로 평가한 결과이므로 사회 통념상 정확하다고 인정해 주기 때문이다. 따라서 측정 시스템 확인이 필요 없는 경우에 해당된다.

④ 공정 능력 파악
   – 주요 Tool: Capability Analysis(계량형), 공정 능력표
     excel sheet(계수형)
 양호한 측정 시스템에서 수집된 데이터를 가지고 Y에 대한
공정 능력을 파악한다. 현재 수준을 알고, 개선 목표와 방향
을 설정하기 위함이다.
 주로 시그마 수준을 공정 능력으로 나타내며, 데이터의 종
류에 따라 산출 방법이 달라진다.

> 창대리는 공정 능력을 쉽게 구했다. 두 번째 과정에서 기준을 명
> 확하게 정해 두었고, 신뢰할 수 있는 데이터를 수집해 두었기 때문이
> 다. 떡볶이 맛은 excel sheet로 된 공정 능력 산출표로, 창돌이의 수
> 학 성적은 미니탭을 활용하여 구했다. 그런데 한마디로 엉망이었다.
> 보통 3시그마 이상일 경우를 관리 상태에 있다고 말하는데, 떡볶이
> 는 1.91시그마, 수학 성적은 0.39시그마가 아닌가! 이로서 창대리는
> 현재 수준이 어떤지 정확하게 파악할 수 있었고, 창돌이의 수학 성적
> 문제가 더 심각하다는 생각을 했다.

⑤ 개선 목표 설정
   – 주요 Tool: 벤치마킹, Gap 분석
 개선 목표는 현재 수준을 기본으로 정하되, 그저 쉽게 달성
할 수 있는 수준으로 정할 것이 아니라 최고 수준과의 차이를
파악하여 정한다.
 그러나 최고 수준을 알지 못할 경우에는 어떻게 할 것인가?

그때는 챔피언과 팀원의 의지를 반영할 수도 있고, 통상적으로 적용하는 법칙을 따르기도 한다.

- 현 수준이 3σ 이하인 경우 → 90% 이상의 결함 감소
- 현 수준이 3σ 이상인 경우 → 50% 이상의 결함 감소

창대리는 떡볶이 맛의 객관적인 최고 수준을 알 수 없어 현재 결함의 '90% 개선'을 목표로 설정하였다. 반면에 수학 성적은 우등생을 평가하는 기준을 알고 있었으므로 '90점 이상 달성'으로 정했다. 목표가 뚜렷하니 할 일이 눈에 보이기는 하지만….

다섯 번째 과정까지를 측정 단계라 한다. 여기까지 제대로 따라 했다면 이 시점에서 프로젝트 기술서를 쉽게 완성할 수 있어야 한다. 만약 프로젝트 기술서가 정리되지 않는다면 1에서 5과정을 다시 한번 꼼꼼히 살펴보아야 한다. 측정 단계가 완벽하지 않으면 나중에 전체가 흔들리는 경우가 발생하기 때문이다. 따라서 일을 정하고 기준을 설정하는 측정 단계에 최선을 다하라!

또한 6시그마를 추진할 때는 항상 Y=f(X)라는 함수식을 염두에 두어야 한다. 모든 과정이 원인과 결과의 관계를 바탕으로 상호 연관되어 있기 때문이다.

지금까지 살펴본 1에서 5과정은 Y(결과)에 대한 내용이고, 앞으로 살펴볼 6에서 12과정은 X(원인)에 대한 것임을 기억하자.

⑥ 잠재 인자 파악

　－ 주요 Tool: 특성 요인도, 프로세스 맵, 기타 QC 도구

개선 목표를 달성하기 위해서는 CTQ에 영향을 미치는 잠
재 인자를 모두 찾아내는 것이 관건이다. 왜냐하면 Y=f(X) 함
수식이 100% 성립한다고 가정할 때, 잠재 인자를 반만 찾아낸
다는 것은 Y(CTQ)를 반만 해결하겠다는 것과 같기 때문이다.
따라서 분석 단계의 성공은 잠재 인자 파악에서부터 시작한다.

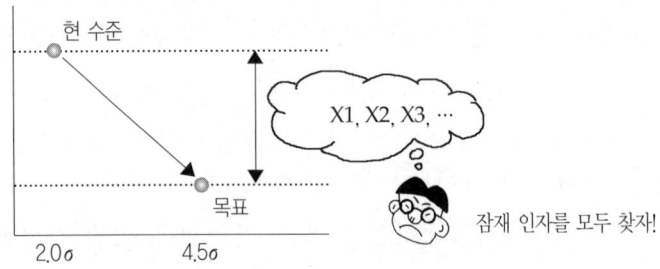

　창대리는 프로세스 맵을 통해 창돌이의 수학 성적이 저조한 원인
이 컴퓨터 게임 때문이라는 심증을 갖게 되었고, 떡볶이가 맛이 없는
원인도 특성 요인도를 활용하여 다 찾아내었다. 가족들의 브레인스토
밍이 큰 힘이 된 것은 두말 할 필요도 없다.

⑦ 핵심 인자 선정

　－ 주요 Tool: FMEA, 가설 검정, 그래프, 상관·회귀 분석

　앞 과정에서 찾아낸 잠재 인자 중에서 Vital Few를 골라내
는 과정으로, 데이터의 유무와 종류에 따라 접근 방법을 달리
하게 된다.

그러나 통상적인 접근 방법은 데이터에 관계없이 FMEA를 통해 위험도를 먼저 확인하고, 데이터가 있는 인자는 가설 검정 등의 통계 기법을 활용하여 인과 관계를 확인한다. 그리고 종합적인 검토를 거쳐 핵심 인자를 선정하게 된다. 바로 이 과정에서 과정의 본질(핵심 인자)을 생각하지 못하면 통계의 늪에서 헤매게 된다.

> 창대리는 FMEA를 활용하여 떡볶이 맛에 대한 핵심 인자로 '양념배합'과 '야채 신선도'를 선정하였다. 그리고 컴퓨터 게임 시간에 따라 수학 성적에 차이가 있는지를 확인하기 위해 가설 검정을 실시한 결과 P값이 0.015로 0.05보다 작았으므로 차이가 있는 것으로 증명되었다. 따라서 '컴퓨터 게임 시간'을 수학 성적의 핵심 인자로 확정하였다.

앞의 두 과정이 모두들 어려워하는 분석 단계이다. 그러나 실제로 과제를 추진하게 되면 6시그마 교육 과정에서 장시간 어렵게 배웠던 기억에 비하여 현실에서는 간단하고 쉽게 이루어진다. 쪼개고 좁히는 과정을 충실히 수행한다면 말이다.

분석 단계가 끝난 시점에서 중간 점검이 꼭 필요하다. 처음에 목표했던 바를 제대로 달성할 수 있을지, 효과는 어느 정도 날 것인지, 그리고 도저히 넘을 수 없는 장해물은 없는지 확인하여 계속 가야할지, 아니면 보류, 인계, 포기해야 할지를 결정할 필요가 있는 것이다. 이를 '경제성 검토'라 하며, 챔피언 또는 경영층이 어떠한 결정을 내릴 수 있도록 꼼꼼히 따져 자료를 제공해 주어야 한다. 이때가 6시그마에서 과제를 그만둘 수 있는 유일한 기회이다.

⑧ 개선안 도출

– 주요 Tool: 실험 계획, 특성 요인도, Process Redesign

분석 단계에서 선정된 Vital Few에 대한 개선안을 찾아낸다. 보통 분석 단계에 충실하면 개선안이 눈에 보이게 되나, 데이터가 있는 X인자는 실험 계획과 같은 과학적이고 통계적인 방법을 동원하여 최적 조건을 확인해 볼 필요가 있다. 따라서 개선안 도출을 '브레인스토밍에 의한 방법'과 '실험에 의한 방법'으로 나눈다.

창대리는 실험이 가능한 '양념 배합'은 실험 계획을 통해 최적 조건을 설정하였고, '야채 신선도'와 '컴퓨터 게임 시간'은 실험이 곤란하여 벤치마킹과 브레인스토밍을 통해 여러 가지 개선안을 도출하여 그중에서 효과와 실현 가능성을 따져 개선안을 확정하였다.

⑨ 개선안 실행

– 주요 Tool: 실행 계획서, Pilot Run

여러 가지 방법으로 찾은 개선안을 실제로 적용하여 효과가 나는지 확인해 보는 과정이다. 그러므로 개선안 실행은 구체적인 계획에 의해 이루어져야 하고, 과제 리더는 항상 실행 현장에 같이 참여하도록 하고 있다. 아무리 완벽한 개선안을 찾아내어도 실행이 제대로 되지 않으면 잘못 찾은 개선안으로 오판할 수 있기 때문이다.

따라서 개선안을 직접 실행하는 사람의 공감대 형성과 이해는 필수 조건이다.

창대리는 가족이 다 모인 자리에서 개선안에 대한 설명을 하였고, 구체적인 실행 계획을 수립하였다. 담당자와 일정은 기본이며, 실행 시 예상되는 장애 요인까지 포함시켰다. 그리고 계획에 따라 개선안을 차근차근 실행한 결과 개선 효과가 나타나기 시작했다.

⑩ 측정 시스템 확인

– 주요 Tool: 게이지 R&R(계량, 계수)

측정 단계 3과정에서 확인한 것은 Y(CTQ)에 대한 것이고, 지금 확인하는 것은 X(핵심 인자)에 대한 측정 시스템이다. 즉, 핵심 인자의 측정 방법에 문제가 없는지를 확인함으로써 '원인과 결과' 관계를 명확하게 규명하기 위함이다. 이를 보더라도 6시그마에서 데이터의 신뢰성이 얼마나 중요시되는지를 알 수 있다.

개선 단계도 끝이 났다. 이 정도 되면 CTQ의 변화가 눈에 보이기 시작하고, 고객은 만족스런 미소를 짓기 시작할 것이다. 그렇다면 앞으로 할 일은 무엇인가?

그것은 마지막 남은 관리 단계의 일이다. 즉, 어떻게 하면 개선안이 원위치되지 않고 개선 효과를 계속 유지할 수 있을지 열중하도록 해주는 것이다.

⑪ 개선 효과 파악

– 주요 Tool: Capability Analysis, 공정 능력표 excel sheet, 효과 대비표

개선 효과 파악은 앞 과정에서 실행한 개선안에 대한 유효

성 검증과 과제에 대한 전반적인 효과 검증으로 나누어진다.

만약 Pilot Run에 의한 결과가 만족스럽지 않다면 개선안을 잘못 찾았거나 다른 중요한 핵심 인자를 놓친 경우라 할 수 있다. 이때는 유효성이 검증될 때까지 개선 또는 분석 단계로 돌아가야 한다.

다음에는 일정 기간이 지난 후 실제로 개선된 모습을 확인하고 개선 효과를 알려야 한다. 이때 주의할 사항은 모든 변동이 충분히 고려된 장기적이고 일상적인 관점에서 효과를 파악해야 한다는 점이다.

또한 처음과 똑같은 잣대로 실시해야 한다.

> 창대리는 개선안을 모두 적용한 후, 한 달 뒤에 떡볶이 맛과 창돌이의 수학 성적을 파악해 보았다. 예상했던 바와 같이 목표가 달성되었다. '휴, 이제 다 끝났네….' 창대리는 손을 놓게 되었다. 그러나 다시 한 달이 지나자 이상 조짐이 나타나기 시작하는데….

사람들은 '철저히 관리하라'는 말을 많이 한다. 이보다 막연한 말이 또 있을까? 이 때문에 문제를 개선하는 것보다 개선된 그 상태를 유지하는 것이 더 어렵다고 한다.

⑫ 관리 시스템 실행
 - 주요 Tool: 실수 방지, 위험 관리, Check List, 관리도
어떻게 하면 개선 효과를 원위치되지 않도록 지속적으로 유지할 수 있을지에 열중하는 것이 마지막 과정이다.

방법은 하나이다. X인자를 완벽하게 통제함으로써 Y(CTQ)를 항상 관리 상태로 유지시키는 것!

이를 위해 다양한 관리 방법이 동원되고 있으며, 쉽게 관리할 수 있도록 '원칙과 체계'를 제공해 준다. 또한 그중에서 데이터가 있는 중요한 X인자는 통계적인 방법으로 관리하도록 하는데, 이것이 바로 '관리도'이다.

> 창대리는 마지막을 소홀히 하면 열심히 노력한 결과가 수포로 돌아간다는 사실을 알게 되었다. 그래서 Control Plan으로 통제 가능한 모든 인자를 관리 선상에 올려 놓았으며, 데이터 측정이 가능한 '컴퓨터 게임 시간'은 관리도를 그려 가면서 경향과 이상 상태를 파악하여 즉각적인 조치를 취하였다. 그 결과 창대리 가족의 CTQ는 항상 관리 상태를 유지할 수 있게 되었으며, 가족의 행복을 지키게 되었다.

드디어 12과정의 기술이 끝났다. 지금까지 살펴본 바와 같이 12과정은 CTQ(Y)와 이에 영향을 미치는 X인자의 관계를 과학적이고 통계적으로 엮어 주고 있다. 따라서 이 과정에 충실하면 문제는 저절로 풀리게 되고, 고객은 만족스러워할 것이다. 다시 말하면, 12과정은 사람에게 12개의 날개를 달아 주는 것과 같아서 역동적인 힘을 제공해 준다.

자, 이제 사람과 과정이 준비되었으니, 새로운 출발을 시작하자!

PART 4

Let's go Six-Sigma

Let's go Six-Sigma

우리의 일터인
'창원특수강',

창사 초기 어려움을 극복하고
지속적인 발전을
해 왔습니다,

이 같은 발전은 전 임직원의
땀과 노력의 결과였습니다,

그러나
우리를 둘러싼 환경은

스스로 변화하지 않으면 남에 의해 변화당하고

지속적인 발전 없이는
정체되는 것이 아니라 퇴보되고 마는

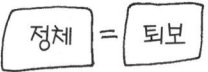

무한 경쟁 환경이 더욱 심화되고 있습니다,

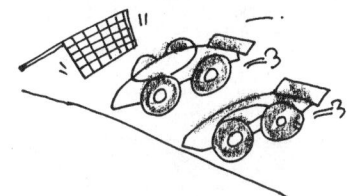

지금의 우리 수준 또한
지금까지의 노력에도 불구하고

선진 회사와 비교해
기술 수준에
격차가 있고

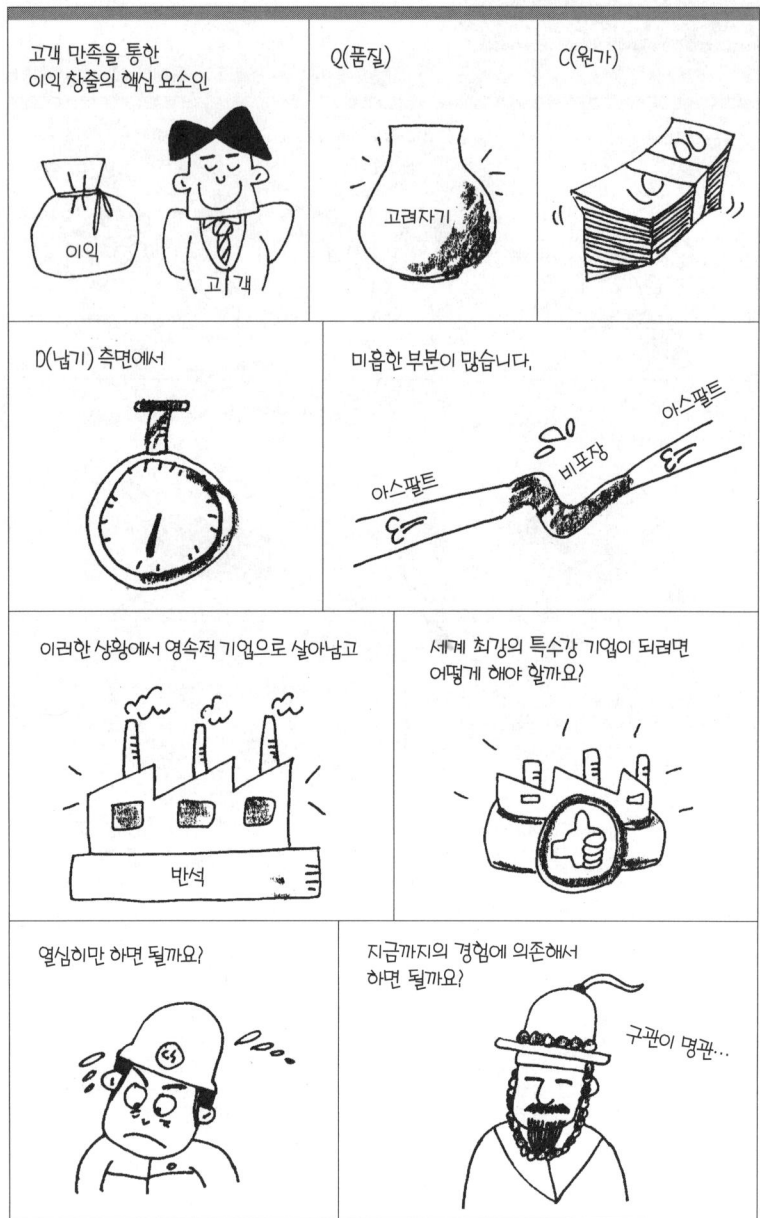

경험만 믿고 열심히만 하는 것은
자전거를 타고

승용차를 따라가는 것과 같습니다.

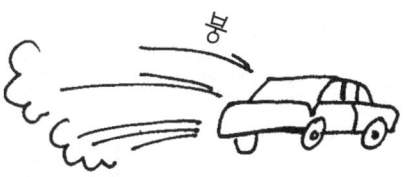

자전거로는 아무리 페달을 밟아도
승용차를 따라갈 수 없고,

거리만 더
멀어질 뿐입니다.

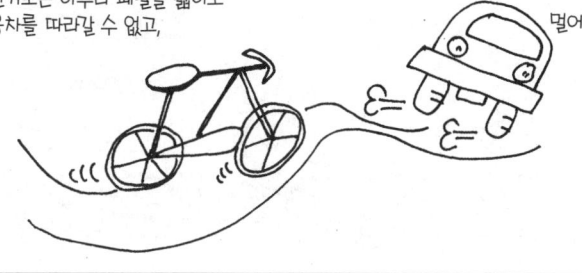

앞선 승용차를 추월하기 위해서는

우리도 좋은 수단이 필요한데,
그것이 바로 6시그마입니다.

6시그마는 '무조건 열심히' 보다는
'효율적'으로 일하는 방법,

'경험'만이 아닌 '과학적'인
문제 해결 수단을 제공합니다.

6시그마 운동은

이미 GE 등

세계적 선진 기업들에 의해
효과가 검증된 방법입니다.

특히 최신의 설비로
신제품을 만들어 내거나

많은 자본을 투자하여

경쟁 기업을 흡수하는
화려한 전략이 아닌

사람의 힘을 바탕으로

실수와 낭비를 줄여

내부 프로세스 능력을
최고로 높이는 방법입니다.

실수와 낭비를 줄이는 것은
얼핏 큰돈이 되지
않을 것이라
생각할 수 있지만

1%의 실수만으로도 치명적일 수 있고,

불만족한 고객은 만족한 고객보다
훨씬 전파 속도가 빠르므로, 그 피해는 매우 큽니다.

일반적으로 매출액의 약 30% 정도는
품질 실패 비용(COPQ)이며,

업무 곳곳에 실수와 낭비가
포함되어 있습니다.

그러므로 이를 줄이고 실수를
예방하는 것은

축구에서 공을 빼앗기지 않음으로써
이기는 것과 같은 이치입니다.

6시그마라는 것도
변동의 정도를 최소화시켜

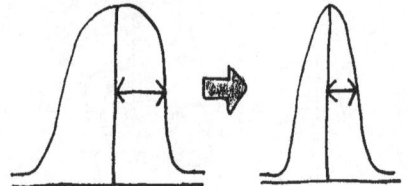

정해진 규격을 벗어난 실수나 불량을
없애거나 줄이자는 데 뜻이 있습니다.

물론 과거에도
여러 품질 운동이 있어

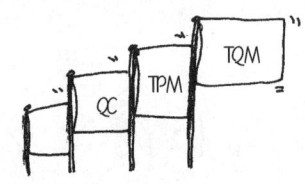

더 잘할 수 있도록 동기를 유발하긴 했지만

잘해 봅시다!

개선활동에 직접 활용할 수 있는
체계적인 방법을 제공하지는 못했습니다.

방법
?

물론 6시그마의 기법 하나하나는 이전에
이미 나온 것을 빌려 온 것이긴 합니다.

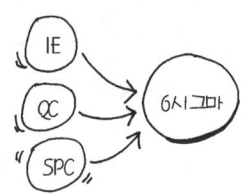

하지만 이들을 문제 해결
절차에 따라 잘 활용할 수
있도록 체계화하였으며,

각 개의 구슬에 불과한
기법들을 잘 꿰어 보석
목걸이로 만들어 놓은
것과 같죠.

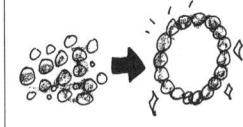

다시 말하면, 6시그마는
구슬을 잘 꿰는 기술이라
할 수 있습니다.

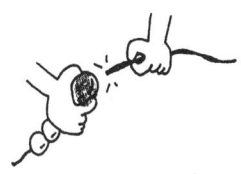

182

6시그마 추진 순서를
크게 나누어 보면

M(측정) 단계에서는
먼저 CTQ라 불리는
고객 요구 품질 특성을
파악해야 하는데,

창대리 가족 이야기에서는

아내가 운영하는
분식 가게의 떡볶이 맛과

아들의 수학 성적이
나왔었죠,

78점

CTQ가 파악되면 이제 목표를
설정합니다,

정상

이때는 현재 수준과 목표를
수치로 나타내야 합니다,

85점

78점

현재   목표

왜냐하면
수치로 나타내지 않으면
주관적이 되어

와, 크다!

별로인데..

무엇을 해야 할지
모르는 것과
같기 때문이죠

?

M(측정) 다음의
A(분석)는 CTQ를
과학적으로 분석하여

문제를 일으키는 핵심 원인이
무엇인지
찾아내는 것으로,

핵심

문제를 계속 쪼개어 가는
과정이라 볼 수 있죠,

문제

창대리 아내의 분식 가게 떡볶이의 핵심 요인은

양념 배합과

야채의 신선도이고,

고추장 물

창돌이의 수학 성적은

78점

뜻밖에도 컴퓨터 게임 시간으로 나타났었죠.

게임

ZZ

핵심 인자가 나왔으면 이제 1(개선)단계입니다.

개선은 보통 실험을 통해

핵심 인자의 최적 수준을 결정하거나

설탕 1 프림 2

커피 맛

과제에 참여한 팀원들이

브레인스토밍으로 개선안을 도출시키는 방법을 사용합니다.

창대리 가족에서는 2가지 모두를 사용했었죠.

떡볶이 맛 ⇒ 실험 계획

수학 성적 ⇒ 브레인스토밍

마지막 단계인 C(관리)는

개선
개선
개선
관리

적용한 개선안이 실제로
효과가 있는지 확인하고,

효과가 지속되도록
표준화시키고,

떡볶이
제조 표준

관리 계획을 세우며,

Control Plan

항목	주기	장소
떡 구입	1	…
야채 구입	1	…
⋮	⋮	⋮

혹시나 실수할 것에 대비하여
방지 대책을 미리 세워 두는 단계입니다.

110V
220V

관리 단계는 소홀하게 생각하기 쉽지만,

개선되었으니
이제 다 됐다!

탁탁

우리 주변에서 금연이나 다이어트를 보면

시작하기는 쉬워도
지속하기는
어려운
것처럼

요요

애써 개선한 것이
수포가 되지 않도록

꼬르륵…

더욱 신경 써야 합니다,

표준화
관리 계획
실수 방지

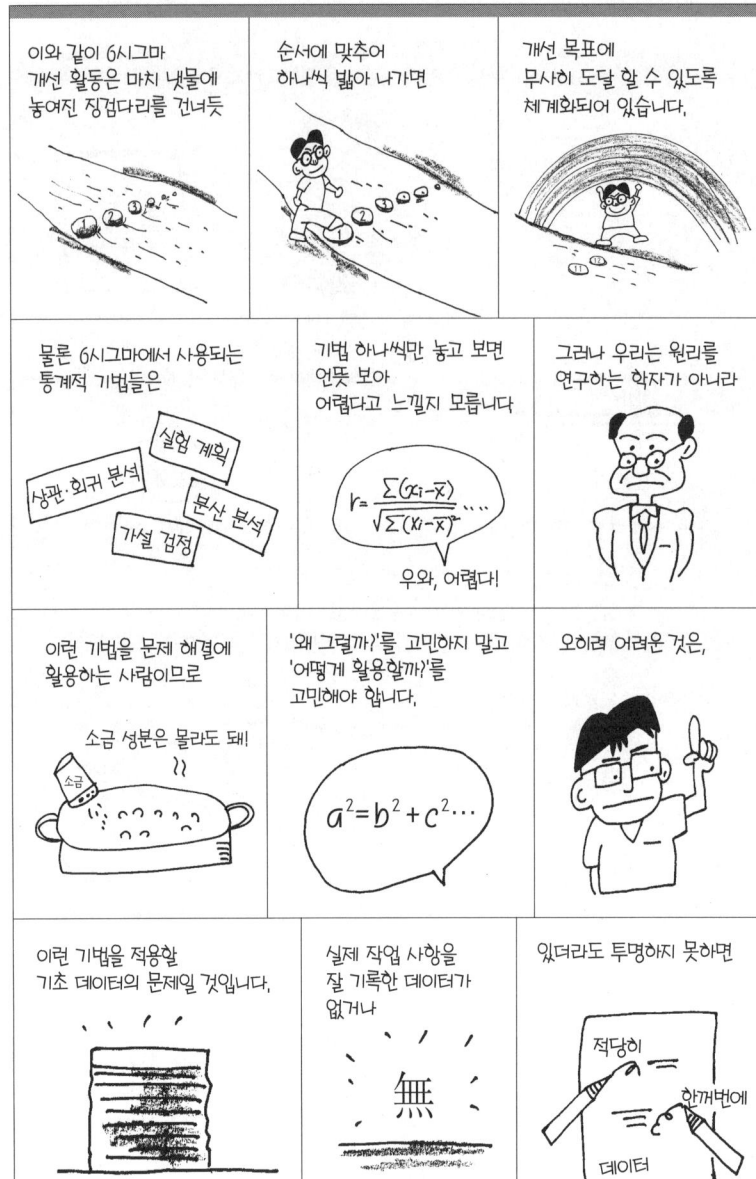

이와 같이 6시그마 개선 활동은 마치 냇물에 놓여진 징검다리를 건너듯

순서에 맞추어 하나씩 밟아 나가면

개선 목표에 무사히 도달 할 수 있도록 체계화되어 있습니다.

물론 6시그마에서 사용되는 통계적 기법들은

실험 계획

상관·회귀 분석

분산 분석

가설 검정

기법 하나씩만 놓고 보면 언뜻 보아 어렵다고 느낄지 모릅니다

$$r = \frac{\sum (x_i - \bar{x})}{\sqrt{\sum (x_i - \bar{x})^2}} \cdots$$

우와, 어렵다!

그러나 우리는 원리를 연구하는 학자가 아니라

이런 기법을 문제 해결에 활용하는 사람이므로

소금 성분은 몰라도 돼!

소금

'왜 그럴까?'를 고민하지 말고 '어떻게 활용할까?'를 고민해야 합니다.

$$a^2 = b^2 + c^2 \cdots$$

오히려 어려운 것은,

이런 기법을 적용할 기초 데이터의 문제일 것입니다.

기초 데이터

실제 작업 사항을 잘 기록한 데이터가 없거나

無

데이터

있더라도 투명하지 못하면

적당히

한꺼번에

데이터

186

아무리 좋은 기법이 있더라도
소용없게 됩니다,

투명하지
못한 데이터

그러므로
투명한 데이터를 수집하고

투명

찾아진 최적 결과
데이터를 지키는 일은

6시그마 활동의 기본이자
가장 중요한 일이라 할 수 있죠,

데이터 수집

최적 데이터
준수

이렇게 투명 데이터 관리를 바탕으로
6시그마 과제 수행이 활성화되면

6시그마
과제

과학적
문제 해결과

효율적 업무 처리의
기틀이 확립되고,

이런 분위기가 점차 확산되면

분위기

결국 우리의 사고방식과

업무 방식이 바뀌는

업무 방식

기업 문화의 변화를 가져오게 될 것입니다,

결론적으로,

아무리 좋은 개념과 수단을 가지고 있다 하더라도

이를 활용하는 것은 우리 모두의 의지에 달려 있습니다.

전 직원의 자발적인 참여 의지 없이 시스템만 있는 6시그마 활동은

아무런 효과도 발생하지 않습니다.

우리 모두 6시그마 운동으로

세계 최강의 특수강 기업을 향하여 가는 길에

적극 동참합시다!

실행하기 쉬운 6시그마 기법

1판 1쇄 발행 2002년 1월 18일
   17쇄 발행 2011년 10월 4일

지은이 포스코특수강 6시그마연구회

펴낸이 이웅녕
펴낸곳 리드리드출판(주)
출판등록 1978년 5월 15일(제13-19호)

주소 서울 마포구 도화동 544 고려빌딩
홈페이지 www.readlead.kr
이메일 we@readlead.kr
전화 (02)719-1424
팩시밀리 (02)719-1404

값 9,000원

ISBN 978-89-7277-204-0   13320

두 번째 책 〉〉〉

실행하기 쉬운 6시그마 과제 추진

포스코특수강 6시그마연구회 지음 / 신국판 / 224쪽 / 값 9,500원